# 하나님의 호흡

– 한국기독교 국내유적 답사기 1 –

새로운사람들은 항상 새롭습니다.
독자의 가슴으로 생각하고 독자보다 한 발 먼저 준비합니다.
첫만남의 가슴 떨림으로 한 권 한 권 만들어 나가겠습니다.

## 하나님의 호흡

**초판1쇄 인쇄** 2009년 1월 6일
**초판1쇄 발행** 2009년 1월 12일

**지은이** 박은배
**펴낸이** 이재욱
**펴낸곳** (주)새로운사람들

**편집실장** 김승주
**디자인** 이세은
**마케팅·관리** 김종림

ⓒ 박은배, 2009

**등록일** 1994년 10월 27일
**등록번호** 제2-1825호
**주소** 서울 동대문구 신설동
　　　104-22번지 2층 (우 130-812)
**전화** 02) 2237-3301, 2237-3316
**팩스** 02) 2237-3389
http://www.ssbooks.co.kr
e-mail/ssbooks@chol.com

ISBN 978-89-8120-383-2(03230)

* 책값은 뒤표지에 씌어 있습니다.

# 하나님의 호흡

박은배 지음

새로운사람들

## 추천의 글

역사는 근본적으로 이야기이다. 교회의 역사는 하나님께서 교회를 통하여 어떻게 인류를 사랑하셨는가를 알려 주는 이야기이다. 박은배 교장선생님의 이 책은 단지 과거의 기록을 모아 놓은 냉랭한 역사학자의 글이 아니다. 우리는 이 책에서 저자가 얼마나 하나님을 사랑하고, 교회를 사랑하고, 하나님의 일을 하다가 목숨을 버린 믿음의 선배들을 사랑하는지를 잘 알 수 있다. 우리는 이 책에서 인류를 위한 하나님의 사랑을 느낄 수 있다.

필자는 이 책의 원고를 읽으면서 다음 몇 가지에 주목하였다. 첫째, 이 책은 평신도의 손으로 쓰여졌다는 것이다. 사람들은 역사는 전문가의 손에 의해서 쓰여져야 한다고 생각한다. 물론 역사는 전문가의 정확하고 철저한 연구에 의해서 쓰여져야 한다. 하지만 동시에 일반 평신도들이 역사를 통해서 무엇을 보려고 하는지, 그들의 눈으로 본 역사는 무엇인지도 매우 중요하다. 필자는 이 책을 읽으면서 평신도들의 순박한 관점이 보다 하나님이 원하시는 역사관이 아닌가 생각해 보았다.

둘째, 이 책은 단지 기록에 의존한 책이 아니라 발로 현장을 밟으며, 사람을 만나며 얻은 생생한 이야기로 가득 차 있다. 우리는 종종 과거의 기록에만 의존하여 역사를 쓴다. 하지만 우리가 직접 그 현장을 방문하게 되면 전에 생각하지 못했던 것들을 많이 알게 된다. 이 책은 기록에 근거해서 기초자료를 얻고, 발로 현장을 방문해서 내용을 보충하여 썼다.

셋째, 우리는 이 책에서 저자의 모습을 읽을 수 있다. 글은 마음의 표현이다. 따라서 우리는 책을 통해서 저자의 생각을 알게 된다. 우리는 이 책을 통해서 저자가 어떻게 하나님을 만나고, 그것에 대해서 어떤 감사가 넘치고, 그것을 어떻게 다른 사람에게 전하는가를 보게 된다. 우리는 이 책을 통해서 교회의 역사만을 읽는 것이 아니라 이 책 저자의 신앙까지도 읽게 되는 것이다.

지금까지 교회사는 소수의 전문학자의 전유물로 여겨져 왔다. 그러나 하나님은 모든 사람에게 역사에 참여할 수 있는 문을 열어 놓으셨다.

필자는 한국교회에 하나님을 사랑하고, 교회를 소중하게 여기는 평신도 역사가들이 많이 나와서 하나님의 사랑이야기를 보다 많은 사람들에게 알리기를 원한다. 그런 점에서 이 책은 큰 의미가 있다고 생각한다.

2008년 12월

**박명수**(서울신학대학교 신학대학원장, 교회사)

# 여는 글

†이 천국 복음이 모든 민족에게 증거되기 위하여 온 세상에 전파되리니 그제
야 끝이 오리라(마태복음 24:14)
†And this good news of the kingdom will be proclaimed throughout the world,
as a testimony to all the nations, and then the end will come.

필자에게 의아해 하며 묻는 분들이 많다. "왜 바쁜 교직생활을 하면서 전공분야도 아닌 한국교회의 역사에 용감하게 심취하는가?"

필자의 전공은 생물학Biology이기에 당연한 질문이라고 생각을 한다.

필자는 젊은 날에 마구 살다가 몸에 병이 생겨 약 9년 간 통원치료를 받은 사람이다. 병원을 다녔지만 쉽지가 않아 오산리기도원에서 금식기도 중, 성령의 임재를 체험하고 평생을 학교 현장에서 '신앙교육의 부흥' 이라는 목표에 헌신하기로 결단을 하였다.

그 후에 인생의 목표를 이루기 위하여 다양한 활동을 하던 중, 1995년 호주의 멜버른Melbourne에서 열린 세계기독교여자절제회 총회에 참가를 하였다.

그 곳에서 한국의 첫 호주 선교사 데이비스(Joseph Henry Davies, 1856~1890)의 순교 이야기를 동행한 연세대 김정주 박사로부터 처음 듣고, 한국교회의 역사에 눈을 뜨게 되었다. 순간적인 깨달음인 돈오頓悟를 한 것이었다.

데이비스의 순교 이야기는 필자의 의식세계에 시간적인 확장을 가져오게 되었으며, 2년 후에는 미국의 오리건Oregon 주의 포틀랜드Portland에 사는 홍정기 장로의 초청을 받아 10일 간 오리건 주의 곳곳을 여행할 기회가 있었다.

이 여행을 통하여 필자는 '다른 길 위에서 다른 세상을 바라보는 것은 우리의 삶을 좀더 풍요롭고 여유 있게 만드는 것' 이며 '다른 사회와 사람에게 관심을 갖게 하는 것'을 배우게 된 기회였다.

국내외의 여행을 통하여 필자의 사고에 공간적인 지경도 상당히 넓어지게 되면서 그 동안에 한국교회 유적답사기를 4번째 쓰게 된 것이다.

글을 쓰기 위하여 국내외의 역사현장을 다니다가 두 가지를 얻었다.

세상의 복잡한 사건들 속에서 하나님께서 개인과 국가 그리고 세계의 역사를 이끌어 가는 방향성이 있다는 것이다.

역사는 기독교의 복음을 세상 끝까지 전하시려는 하나님의 강력한 손길로, 주님이 재림하시어 세상의 왕으로 다스리는 나라가 이루지도록 역사의 맷돌을 쉬지 않고 돌리고 계시다는 것이다.

다른 하나는 **'성경만이 유일한 진리이며, 그리스도는 완전한 하나님이시며 완전한 사람이다'** 라는 진리를 증거하고 보존하고 지켜야 한다는 것이다.

필자는 대한민국의 5,000년의 역사에서 짧은 기간 안에 교회들이 세워져 나간 흔적을 통하여 우리가 반드시 지키고 후대에게 물려주어야 하는 것들을 이야기하고자 한다.

우리는 짧다면 짧고 길다면 긴 인생을 어떻게 보내야 하는가?

사회의 각 분야에서 탁월한 실력으로 이웃과 국가에 공헌을 하면서 주님이 원하는 분야에서 선교 사역을 감당하는 인생이 가장 성공한 인생이라는 생각을 하고 있다.

특히 후배 교사들에게 한 손에는 교과서를 들고 전문성을 높이는 교사가 되는 것과 한 손에는 성경을 들고 신앙교육을 통한 전도와 선교를 하는 생애가 되라고 당부를 하는데, 어느 분야나 마찬가지라고 생각을 한다.

또한 해외 선교사나 신앙 선조들의 생애를 돌아보는 것은 인생의 목표를 세우는 것과 다양한 전략을 세우는 데에 큰 도움이 된다고 생각한다.

인생은 자신의 원칙에 따라 사는 것보다 성경의 토대 위에서 하나님의 뜻에 맞는 인생의 목표를 세우고 그 목표를 이루기 위하여 전략을 세워 실천해 나가는 것이 중요하다고 생각을 한다. 21세기 포스트모더니즘 postmodernism 문화시대에는 조직과 환경, 그리고 원칙들은 변화되거나 변질이 되기가 쉽기에 한국교회의 미래를 짊어질 청소년들이 이 책을 읽고 비전을 갖기를 소망한다.

『한국기독교 유적답사기』를 출간한 지 7~8년 만에 역사현장을 다시 걸어 보니, 많은 변화가 있었기에 다시 책을 쓰기로 한 것이다.

필자는 한국교회가 스스로 걸어온 길과 걸어갈 길을 심도 있게 생각할 때가 되었다고 본다.

이슬람권 연구의 권위자인 미국의 올리베트대 국제총장인 윌리엄 와그너 박사는 이슬람 지도자들은 2020년까지 한국을 아시아의 선교 기지화하려는 전략을 세웠다고 한다.

이슬람은 선교를 '다와 Da' Wah' 라고 표현을 하며, 선교사를 '다이 Daa' i' 라고 부르는데, 이슬람 국가 중에는 막대한 오일달러를 가지고 다이들을 유학생으로 보내거나 부자 기독교인으로 가장을 하여 결혼을 시키든지, 모스크를 건립하는 일을 통하여 이슬람의 세계화를 실현하려고 하는 것이다.

영국의 런던에는 1962년에 한 개였던 모스크가 현재는 644개이며 지난 20년 간 전세계에 세워진 모스크가 3만 개가 넘는다고 한다.

이슬람은 21세기에 기독교의 세계 선교를 주도하는 대한민국에 뿌리를 내리는 작업을 시작한 것으로 보인다. 근래 공영방송이 상식 밖의 내용을 4부작으로 만들어 방송을 한 사건의 배후에 막대한 오일머니가 작용한 것이 아닌가 의문을 갖게 된다.

한국교회는 1866년 9월 5일에 영국의 토머스 선교사가 대동강변에서 첫 순교의 피를 흘린 이래 약 2,600여 명의 순교자들의 피 위에 세워졌다.

오늘날 교회와 사회의 번영 뒤에는 이런 희생과 헌신의 피와 땀이 있다는 것을 늘 기억하고 후대에게 가르치는 일은 무엇보다 중요한 것이다.

한국교회는 선조들의 순교정신을 이어받아 성경의 진리를 담대히 지키고 북한지역에 무너진 2,200여 개의 제단을 회복하는 사명이 있는 것이다.

 2,800여 년 전 번영하던 북이스라엘의 선지자 아모스(Amos, ?~?)가 이스라엘 백성들에게 신앙의 순수성을 회복하지 않으면 멸망한다고 경고한 것을 기억하고 우리도 하나님의 말씀 앞에서 변화를 받아야 하는 것이다. 이 책이 나오기까지 수고하신 '새로운사람들'의 이재욱 사장, 김승주 실장께 감사드리며 부족한 사람을 통하여 일하시는 여호와 하나님께 모든 영광을 돌린다.

> † 보라 내가 속히 오리니 내가 줄 상이 내게 있어 각 사람에게 그의 일한 대로 갚아 주리라 나는 알파와 오메가요 처음과 나중이요 시작과 끝이라 그 두루마리를 빠는 자들은 복이 있으니 이는 저희가 생명 나무에 나아가며 문들을 통하여 성에 들어갈 권세를 얻으려 함이로다 개들과 술객術客들과 행음자들과 살인자들과 우상 숭배자들과 및 거짓말을 좋아하며 지어내는 자마다 성밖에 있으리라 나 예수는 교회教會들을 위하여 내 사자使者를 보내어 이것들을 너희에게 증거하게 하였노라 나는 다윗의 뿌리요 자손이니 곧 광명한 새벽별이라 하시더라 (요한계시록 22:12-16)

2008년 12월
강화도 한국교회 첫 순교자 토머스 기념관에서
**박은배**

# 차례

추천의 글_**박명수**(서울신학대학교 신학대학원장, 교회사) / 4
여는 글 / 6

## 1. 첫 성경 도착지와 첫 해외 선교사 그리고 첫 순교자 유적지
**1**_첫 성경 도착지, 마량진馬梁鎭 / 18
**2**_첫 해외 선교사 귀츨라프 도착지, 고대도 교회 / 22
**3**_첫 순교자, '토머스 기념관' / 36

## 2. 한국 전통양식의 교회 유적지
**1**_복원된 한국의 첫 교회, 소래교회 / 44
**2**_'ㅡ'字형의 한옥교회, 자천교회 / 50
**3**_머슴출신 총회장 이자익 목사와 'ㄱ'자 예배당 금산교회 / 57
**4**_부자富者 박재신과 'ㄱ'자 예배당, 두동교회 / 61

## 3. 인천지역 유적답사
**1**_인천 기독교 선교 100주년 기념탑 / 66
**2**_아펜젤러와 인천 내리교회 / 69
**3**_한국의 첫 초등학교, 영화학교 / 74
**4**_맹인의 세종대왕 송암 박두성 기념관 / 79

## 4. 강화도와 서해 섬지역 유적답사
**1**_성공회 강화읍성당 / 84
**2**_인천 내리교회의 존스G. H. Jones 목사와 강화도 첫 교산교회 / 89

| 하나님의 호흡 |

3_전도열정이 넘치던 홍의교회 / 92
4_강화도의 예루살렘, 강화중앙교회 / 98
5_달우물동네에 복원된 교동교회 / 103
6_기독교 토착화의 역사, 주문도 서도중앙교회 / 106
7_자생적으로 생긴 교회공동체, 백령도 중화동교회 / 112

## 5. 서울지역 유적답사(1)
1_해외 선교사들의 안식처 외국인묘지 / 118
2_한국교회 역사의 원류源流, 서울 정동 / 124
3_캠벨Mrs. Josephine Campbell과 배화학교 / 137

## 6. 서울지역 유적답사(2)
1_가장 낮은 자와 아픔을 같이한, 무어선교사와 승동교회 / 144
2_연못골에서 시작한 복음의 향기, 연동교회 / 149
3_민족운동의 요람인 상동교회 / 154
4_선한 사마리아인의 사랑 위에 세워진 아현교회 / 161

## 7. 언더우드H.G. Underwood의 Bible Road
**언더우드의 발자취를 따라서 / 166**
1_언더우드의 역사가 살아 숨쉬는 새문안교회와 연세대학교 / 170
2_복원된 첫 서양병원 광혜원廣惠院 / 176
3_언더우드와 경신학교 / 179
4_김포제일교회의 설립과 언더우드의 역할 / 183
5_언더우드와 능곡장로교회 / 185

## 8. 베어드(W.M. Baird, 한국명 배위량)의 Bible Road
    **1**_부산의 모母교회, 부산초량교회 / 190
    **2**_베어드가 세운 숭실대학교 / 194

## 9. 애덤스(James E. Adams, 한국명 안의와)의 Bible Road
    **1**_대구의 모교회, 대구제일교회 / 198
    **2**_양반골에 세워진 안동교회 / 203

## 10. 충북지역 유적답사
    **1**_주막에서 시작한 충북 첫 교회, 신대교회 / 208
    **2**_밀러(F.S. Miller, 한국명 민노아)와 청주시 탑동의 양관洋館 / 212
    **3**_충주시忠州市의 첫 교회인 충주제일교회 / 217

## 11. 전라도지역 유적답사(1)
    **1**_유진 벨과 목포 양동교회 / 222
    **2**_빛고을의 첫 교회 양림교회 / 229

## 12. 전라도지역 유적답사(2)
    **1**_전주 최초의 교회인 서문교회 / 238
    **2**_전킨W.M. Junkin과 기전학교와 신흥학교 / 242
    **3**_변요한Dr. Preston 선교사와 순천중앙교회 / 244
    **4**_노고단 한국주재 선교사 수양관 / 247
    **5**_고라복 선교사의 광양읍교회 / 253
    **6**_땅끝 마을에 세워진 해남읍교회 / 256

| 하나님의 호흡 |

| 2권_하나님의 거처 차례 |──────────────────

1. 대전-충정도 지방의 유적을 찾아서
　　**1**_린튼의 한남대와 오정동梧井洞 선교사촌Evangelists Village / **2**_해외 선교사들의 희생으로 세워진 공주제일교회

2. 리드(C. F. Reid, 한국명 이덕)의 Bible Road
　　**1**_한양 가던 옛길에 세워진 고양감리교회 / **2**_리드와 광희문교회

3. 하디(R.A. Hardie, 한국명 하리영)의 Bible Road
　　**1**_철원의 장흥교회 / **2**_지경터교회의 옛 터전 / **3**_철원제일교회(철원읍교회)의 터를 찾아서

4. 강원도지역 유적답사
　　**1**_무스(J.R. Moose, 한국명 무야곱)와 춘천의 모교회 춘천중앙교회 / **2**_원주의 모교회, 원주제일교회 / **3**_서미감병원과 원주기독병원

5. 포항과 울릉도 유적답사
　　**1**_일본에서 복음이 들어온 특이한 역사, 포항대송교회 / **2**_울릉도 Mission Road를 걷다

6. 제주도 유적답사
　　제주도 기독교 역사유적 답사기 / **1**_제주도의 첫 예수 공동체, 금성교회 / **2**_이기풍 목사와 성안교회 / **3**_성내교회를 찾아서 / **4**_이기풍 선교기념센터 / **5**_제주도의 첫 순교자 이도종 목사의 대정교회 / **6**_군복음화의 역사현장 강병대교회

7. 순교지 유적답사
　　**1**_한국기독교 순교자기념관 / **2**_23명이 순교한 제암리교회 / **3**_순교자 주기철 목사와 웅천교회 / **4**_'사랑의 원자탄' 손양원 목사의 순교터 애양원 / **5**_한국교회 최대 77명의 순교 유적지, 염산교회 / **6**_전교인 65명이 모두 순교한 영광 야월교회 / **7**_보물섬 중도의 문준경 전도사의 순교지

8. 독립운동 유적지
　　**1**_민족의 고난을 배우는 서대문독립공원西大門獨立公園 / **2**_도산 안창호기념관島山安昌浩記念館의 도산공원 / **3**_남강 이승훈의 신앙과 오산학교 / **4**_무궁화꽃으로 피어나는 남궁억의 한서교회 / **5**_유관순柳寬順의 신앙과 열정의 매봉교회 / **6**_군산 3·5 만세운동의 진원지, 군산 구암교회 / **7**_4·4 만세항쟁과 남전교회

9. 한국의 호주 선교사 유적답사
　　**1**_부산지역의 호주 선교사의 발자취 / **2**_통영에서 찾는 호주 선교사의 발자취 / **3**_마산, 진주, 거창의

차례 13

호주 선교사의 발자취

10. 호주 선교사 고향의 유적답사
    **1**_호주 선교사들의 위대한 유산 / **2**_호주 첫 장로교회인 에벤에젤 교회를 찾아

11. 기독교 박물관 답사
    **1**_성서세계의 비전을 가꾸는 국제성서박물관 / **2**_역사의 보고寶庫 숭실대학교 한국기독교박물관 / **3**_10만여 점의 자료가 있는 한국기독교역사박물관 / **4**_한국기독교 선교 역사박물관 The Historical Museum of Korean Christian Mission

12. 농촌계몽운동 유적지
    **1**_최용신 선생의 상록수常綠樹가 있는 샘골교회 / **2**_에덴의 이상촌理想村, 김용기 선생의 가나안 농군학교

| 3권_하나님의 지문 차례 |

1. 한국교회 첫 순교자 토머스 선교사의 자취를 찾아서
    대대로 주님을 섬기며 100년을 훌쩍 넘기다 / 성령님의 인도를 받고 런던으로 향하다 / 조선의 대동강 기슭에서 순교한 토머스 선교사 / 토머스 선교사의 순교와 한국교회의 소명 / 역사의 창 / 쉼터에서 – 공식적인 선교 역사 이전의 선교사들 이야기

2. 한글성경을 번역한 로스 선교사의 바이블 로드Bible Road를 찾아서
    토머스 선교사의 희생을 뒤따르다 / 심양의 동관교회를 찾아서 / 최초의 한글성경 이야기 / 한글성경이 국내로 들어오는 이야기 / 서상륜과 소래교회 이야기 / 역사의 창

3. 일본에서 성경을 한글로 번역했던 이수정 선생의 발자취
    한국교회의 선구자 이수정 선생과 시바교회 / 130년 역사의 시바교회를 찾아서 / 이수정과 언더우드 선교사 / 이수정은 누구인가? / 이수정의 불가사의한 최후 / 역사의 창

4. 민주주의와 자주독립의 씨앗을 뿌린 서재필 박사의 발자취를 찾아서
    문화 전도사 서재필 박사 / 필라델피아 서재필기념재단, 펜실베이니아주 / 선각자의 파란만장한 삶과 열정 / 서재필과 독립자주 정신의 고취 / 시공을 초월하는 거인의 영향력 / 역사의 창

5. 우리 민족이 해외에 세운 최초의 교회
    주님의 은혜를 체험하며 / 하와이대학교 한국학연구소 / 미국과 하와이로 이주했던 최초의 이민자

| 하나님의 호흡 |

이야기 / 그리스도 연합감리교회와 하와이 사탕수수 농장 이야기 / 사진으로 맞선 본 신부 이야기 / 그리스도 연합감리교회의 역사 / 역사의 창

6. 사탕수수 농장의 애환을 담은 하와이의 유서 깊은 교회
   기도의 중요성 / 현지에서 들은 하와이 이야기 / 번성하던 와히아와의 올리브 감리교회 이야기 / 와일루아의 사탕수수 농장 / 올리브 감리교회의 첫 출발 / 올리브 감리교회의 항일 독립운동 / 오늘의 올리브 감리교회, 다문화 교회로 / 초기의 이민자들이 묻힌 푸우이키 묘지를 방문하다 / 역사의 창 / 쉼터에서 – 하와이 이민자들의 첫 숙소 모쿨레이아 이야기

7. 1세기 전에 동양식 건축양식으로 세워진 성공회 교회
   1905년에 개척된 역사적인 성공회 교회 / 하와이의 성공회 교회 역사와 한인 이민의 역사 / 한민족의 신앙 열정과 21세기 세계 선교 / 역사의 창

8. 해외 독립운동의 본산 한국독립문화원
   해외 독립운동의 흐름과 하와이 / 하와이의 독립운동가들 / 독립운동과 민족의 자부심 / 역사의 창

9. 초대 대통령 이승만이 세운 역사적인 교회
   지구촌의 한인교회 4,449개 / 해외 선교사 13,000명 시대 / 한인기독교회와 초대 대통령 이승만 박사 / 한인기독교회의 출발 / 이승만 박사의 생애와 미국에서의 활동 / 미래를 여는 지도자의 비전 / 역사의 창 / 쉼터에서 – 1. 진주만Pearl Harbor, 애리조나 기념관Arizona Memorial Park, 미조리 호 USS Missoury 2. 펀치 볼 국립묘지Punchbowl National Memorial Cemetery

10. 중국 북간도교회의 뿌리가 된 용정 명동교회를 찾아서
    간도 이야기 / 명동촌 이야기 / 정재면 목사의 역할 / 간도의 대통령 김약연 목사 / 역사의 창 / 쉼터에서 – 간도 이야기

11. 북간도 최초의 기독교학교 서전서숙을 찾아서
    기적을 나타내는 민족의 길 / 서전서숙과 이상설 / 헤이그 밀사사건 / 용정 이야기 / 일송정 이야기 / 북한 땅 바라보기 / 역사의 창

12. 기독교 기관들이 모여 있었던 용정의 영국 조계지 터를 돌아보며
    역사적인 기독교 선교의 유적 / 중국의 미전도 종족을 향한 복음화 전략 / 기독교 선교부와 관련 기관들 / 김좌진 장군 이야기 / 역사의 창 / 쉼터에서 – 고구려 역사 지키기

13. 만주 최초의 성결교회 용정기독교회당
    만주, 북간도, 용정 / 용정기독교회당을 찾아서 / 용정의 기독교 역사 이야기 / 용정의 학교 역사 이야기 / 백두산 천지를 향하여 / 역사의 창 / 쉼터에서 – 성결교회의 부흥회 이야기

### 14. 맑은 시심으로 살다 간 윤동주 시인의 발자취를 따라
민족시인과 삶의 무게 / 윤동주와 송몽규의 생가 복원 / 윤동주의 문학 이야기 / 시인 송몽규 이야기 / 역사의 창

### 15. 해외에서 일어난 최대 규모의 3·13 반일 만세운동 유적지를 찾아서
3·13 용정 만세운동 / 용정 일대의 독립운동 역사 / 15만 원 탈취사건 / 간도의 일본 관동군총사령부 청사 / 고구려의 옛 터전이었던 만주 땅 / 역사의 창

### 16. 한국인이 일본 땅에 처음 세웠던 동경교회
하나님의 긍휼이 우리 민족에게 임하다 / 동경교회 1세기의 역사를 더듬으며 / 김정식 총무와 조만식 선생님 이야기 / 일본과의 아픈 역사를 극복하고 / 역사의 창 / 쉼터에서 – 독도 사태는 일본 선교의 기회

### 17. 일본 선교의 출발지 재일한국YMCA회관
한류 열풍과 일본 선교 / 일본 선교의 역사와 현재 / YMCA 운동의 역사 / 재일한국YMCA회관 / 2·8 독립운동 이야기 / 역사의 창 / 쉼터에서 – 스페인의 신부 세스뻬데스 이야기

### 18. 한인 노동자들로 시작한 고베교회의 역사
징용의 고달픔을 씻어 주는 복음 / 고베교회의 첫걸음 / 영재형 목사와 김치선 목사 이야기 / 고베 시립외국인묘지 / 고베 대지진 이야기 / 역사의 창 / 쉼터에서 – 한국과 일본 양국 기독학생·청년들의 '코스타 재팬' / 간단한 일본어 인사법

### 19. 우리나라 유학생들이 세운 역사적인 교토교회를 찾아서
고도古都 교토의 한인교회 / 교토의 기독교 역사 / 동지사대학의 윤동주 기념비 / 교토와 노벨상의 인연 / 역사의 창 / 쉼터에서 – 교토와 도쿄, 수도 이전의 지혜

### 20. 역사의 고장에 세워진 오사카 한인교회
일본 제2의 도시 오사카의 한인교회 / 오사카교회의 역사 / 역사의 창 / 쉼터에서 – 오사카 성

### 21. 박관준의 신사참배 반대운동의 현장, 일본제국 국회의사당을 돌아보며
신사참배 강요와 순교의 역사 / 박관준 장로의 순교 역사 / 메이지신궁 이야기 / 기독교 유적답사의 중심은 오직 그리스도의 십자가 / 역사의 창 / 쉼터에서 – 한국교회의 신사참배 사건

### 22. 몽골에 바친 한인 슈바이처 이태준 선생의 생애를 돌아보며
강화의 고려시대 역사유적들 / 몽골을 향하여 / 세계를 경영하던 몽골 / 몽골을 향한 하나님의 섭리 / 역사의 창 / 쉼터에서 – 몽골의 기독교 상황

# 1
# 첫 성경 도착지와 첫 해외 선교사
# 그리고 첫 순교자 유적지

1_첫 성경 도착지, 마량진馬梁鎭
2_첫 해외 선교사 귀츨라프 도착지, 고대도 교회
3_첫 순교자, '토머스 기념관'

한국최초성경전래지 돌비와 아펜젤러 순교 104주년 기념비

# 1 첫 성경 도착지, 마량진馬梁鎭

충남 서천군 서면 마량진

 여호수아가 이 모든 말씀을 하나님의 율법책에 기록하고 큰 돌을 취하여 거기 여호와의 성소 곁에 있는 상수리나무 아래 세우고 모든 백성에게 이르되 보라 이 돌이 우리에게 증거가 되리니 이는 여호와께서 우리에게 하신 모든 말씀을 이 돌이 들었음이라 그런즉 너희로 너희 하나님을 배반치 않게 하도록 이 돌이 증거가 되리라 하고 백성을 보내어 각기 기업으로 돌아가게 하였더라(여호수아 24:26-28)

충남 서천군 서면 마량진馬梁鎭 근처에는 춘장대 해수욕장이 있는데 이곳은 아름다운 송림松林이 자태를 자랑하는 곳으로 많은 사람들이 찾고 있다.

그리고 동백꽃과 주꾸미 축제, 전어 축제, 해넘이, 해돋이 축제, 자연산 광어 축제 등으로 유명한 명소이기도 하다.

하나님이 우리 민족에게 성경Bible을 처음 보내 주신 역사적인 장소인 마량진을 가려면 서해안고속도로를 이용하여 춘장대 IC로 나오면 쉽게 접근이 가능하다.

이른 아침 도착한 마량진 포구에는 많은 어선들이 밀물이 되기를 기다리고 있었는데, 그 옆의 바닷가에 커다란 기념비 두 개가 아침 햇살에 빛나고 있었다.

가까이 가 보니 하나는 '한국최초성경전래지The Location of The Bible's First Arrival in Korea'라는 돌비이고 다른 하나는 아펜젤러 선교사의 순직 104주년을 기리는 기념비였다.

아펜젤러 선교사의 순직 104주년 기념비가 왜 이곳에 세워져 있을까?

감리교회의 첫 선교사인 아펜젤러는 1902년 6월 11일 밤 목포에서 열리는 성서번역위원회에 참석하기 위하여 탔던 작은 증기선인 구마가와마루호クマガワマル号와 기소가와마루호キソガワマル号가 어청도 부근에서 충돌했을 때 순직을 하였다.

그런데 서해의 어청도에서 가장 가까운 육지가 바로 마량진이기에 아펜젤러의 순직기념비가 세워진 것이라 하니 세상만사 우연은 없는 것이다. 하나님의 손길과 눈길에서 벗어난 사람과 일들이 어디에 있겠는가?

또 하나의 기념비는 1816년 9월 5일 하나님께서 우리 민족에게 처음 성경을 보내 주신 것을 기념하는 비이다.

### 어떤 경로로 성경이 이곳에 처음 도착을 하였을까?

영국 동인도회사는 1816년(순조 16년)에 중국에 파견한 암허스트J. Amherst, William에게 한국의 서해안 일대를 탐사하여 해도海圖를 만들라는 훈령을 내리게 된다.

당시에 영국은 돛과 증기기관을 동시에 활용하는 빠르고 커다란 배를 발명하여 경쟁국인 스페인과 네덜란드를 제치고 세계 곳곳에 지배권을 넓혀 나가던 때였다. 이때 영국과 스코틀랜드 성서공회는 이들 배들을 이용하여 성경을 세계 곳곳에 배포하는 일을 하였다.

역사를 돌아보면 어떤 국가가 국력이 강해지는 것은 바로 복음을 전하는 사명을 감당하는 시기와 일치가 되는 것이다. 선교의 사명을 제대로 감당하지 못하는 국가는 점차 국력이 쇠퇴하고 주도권이 다른 나라로 넘어가는 것을 역사를 통하여 접할 수가 있다. 결국 역逆으로 해석을 하면 국력이 강해지려면 복음을 전하는 사명을 강화시키는 것이 중요하다는 사실을 알 수 있다. 이것은 하나님의 관점에서만 깨달을 수 있는 역사의 신비인 것이다.

암허스트는 순양함 알세스트Alcest호와 리라Lyra호의 함장인 맥스월Murray Maxwell 대령과 바실 홀Basil Hall 대령과 같이 9월 5일에 마량진 앞 갈곶에 오게 되었다.

이때 배를 조사하려고 승선한 마량진 첨사 조대진에게 영어 성경 한 권을 전달하였는데, 이 사건이 바로 한국 기독교 역사상 최초의 성경 반입 사건이었다. 아마도 이 성경책이 지금까지 남아 있다면 가치를 헤아리기 어려울 정도의 대단한 보물이 되었을 것이라는 안타까운 생각이 든다.

바실 홀은 본국에 돌아가서 1818년에 『한국 서해안 항해기A Voyage of discovery to the West Coast Loochoo Island』를 발간하였는데, 이를 통하여 한국 최초의 성경 도래지가 '마량진' 임을 확인할 수 있다.

이와 같이 역사 자료를 기록하고 보존하는 것은 무척 중요한 것이다.

유대인들의 역사를 보면 그들은 시대별로 역사 자료들을 정리하고 집대성하여 '성서' 라는 형태로 통합, 정리하였다. 그들은 역사의 정보를 공유하게 되면 민족이 굳건히 단결한다는 생각을 갖고 있는 것이다. 아무리 사소한 정보라도 수집하여 체계적으로 정리하면 그것은 현재와 미래를 읽는 지혜가 되는 것이다. 유대 율법의 방대한 논의와 판례, 그리고 전통적인 관습, 축일, 민간전승, 설화 등을 모아 편찬한 『탈무드』가 대표적인 예이다.

　유대인은 각고의 노력으로 역사의 흔적을 찾아내어 예루살렘과 바빌로니아 두 곳에서 『탈무드』를 편찬하였는데, 현재 전하는 『바빌로니아 탈무드』는 6부 63편에 525장 4,178절로 단어수가 무려 250여만 개나 되며 쪽수는 5,894쪽에 달하는 엄청난 분량이다.

　우리 민족도 5,000여 년의 전쟁과 고난으로 복음이 자랄 수 있는 마음의 밭이 기름진 상태가 되자, 하나님께서 성경과 선교사들을 보내 주시어 짧은 기간에 곳곳에 교회를 세우시고 세계 선교를 감당하는 한국교회를 만들어 주신 것이다.

　필자는 이 은혜에 감격하여 전국 각지의 역사 현장을 직접 발로 다니며 기록으로 남기고 있는 것이다.

　지금은 마량진 포구에 돌비만 두 개 세워져 있지만 때가 되면 주변에 기념관과 공원이 세워지기를 바라는 마음이다.

　앞으로 서천군에서는 마량진 주변 바다 3만 300여 $m^2$를 매립하여 종교문화박물관, 조각공원, 상징탑을 만들고 박물관에는 1816년 조선에 성경을 전파한 영국인들이 타고 온 배와 서적 등을 전시할 계획이라고 한다.

　다음은 한국교회의 첫 해외 선교자인 귀츨라프가 첫발을 디딘 고대도 교회를 찾고자 한다.

고대도 귀츨라프 기념교회

## 2 첫 해외 선교사 귀츨라프 도착지, 고대도 교회

충남 보령시 오천면 고대도리 1022-1
☎ 041-932-2753

†모세가 가나안 땅을 탐지하러 그들을 보내며 이르되 너희는 남방 길로 행하여 산지로 올라 가서 그 땅의 어떠함을 탐지하라 곧 그 땅 거민의 강함과 다소와 그들의 거하는 땅의 호 불호와 거하는 성읍이 진영인지 산성인지와…(민수기 13:17-19)

'살아 계신 하나님은 선교하는 하나님이시다' The living God is a missionary God라는 말이 있다. 하나님은 세상의 역사 속으로 예수님을 보내셨으며, 예수님은 갈릴리에서 "회개하라! 천국이 가까웠느니라!"(마태복음 4:17)라는 말씀으로 사역을 시작하셨다.

그리고 "이 천국 복음이 모든 민족에게 증거되기 위하여 온 세상에 전파되리니 그제야 끝이 오리라"(마태복음 24:14)라는 말씀으로 마무리를 하셨다.

하나님의 나라를 확장하시려는 하나님은 그리스도 안에서 교회를 세우시고 지금도 교회를 통하여 선교를 하고 계신 것이다.

세상의 역사는 하나님의 선교 역사와 맞물려 돌아가는 것이기에, 한국교회의 선교 역사를 아는 것이 우리의 미래를 위하여 얼마나 중요한지 모른다.

## 한국교회의 생일은 언제일까?

한국교회의 생일은 언더우드(H.G. Underwood, 1859~1916)와 아펜젤러(H.G. Appenzeller, 1858~1902)가 제물포(인천)에 도착한 1885년 4월 5일인가? 아니면 서상륜(徐相崙, 1848~1921)이 황해도의 소래교회를 세운 1883년 5월 16일인가? 그것도 아니면 영국인 토머스(R.J. Thomas, 1840~1866)가 대동강가에서 순교를 당한 1866년 9월 5일인가? 또는 1879년 봄 만주 영구에서 매킨타이어 목사가 백홍준, 이응찬 등 3명에게 세례를 베푼 바로 그날인가?

일반적으로 기독교 역사학계에서는 미국의 교회에서 조선으로 파송한 언더우드와 아펜젤러가 도착한 1885년 4월 5일을 한국교회의 생일로 보고 있다. 왜냐하면 이들이 미국교회에서 목사 안수와 선교사로 임명을 받았고 조선에 와서는 교회와 병원 그리고 학교를 세우는 등, 결실을 맺은 선교의 열매가 크기 때문이다.

그러나 이들보다 앞서 한국에 복음을 전한 선교사들의 영향력을 생각하면 그들의 공功도 작다고 볼 수가 없는 것이다.

필자는 한국교회의 생일에 대해 다른 관점에서 생각해 보고자 한다.

미국의 조선 선교사이자 역사가인 로드(H.A. Rhodes, 1875~1965) 박사는 "1832년 7월 17일부터 한 달 간 서해안에 머물면서 고대도에서 복음을 전한 귀츨라프"를 한국의 첫 해외 선교사로 기록하고 있다.

토머스가 대동강변에서 성경을 나누어 주고 순교한 1866년보다 34년이나 앞선 일이며, 언더우드와 아펜젤러가 인천(제물포)에 도착한 1885년보다도 53년이나 앞선 것이다.

역사학은 철학과 문학과 더불어 인문학의 대표적인 학문으로 진화를 하는 학문이기에 다양한 논의가 필요한 것이다.

### 대한민국 땅에 첫발을 디딘 서양 사람은 누구일까?

오랫동안 서양인으로 한국에 첫발을 디딘 사람은, 17세기 네덜란드의 하멜(Hendrik Hamel, ?~1692)로 알려져 있었다. 그러나 하멜보다 60년 앞선 1593년 임진왜란 때 왜군과 같이 와서 1년 간 머물며 천주교를 전한 스페인 신부, 그레고리오 쎄스 빼데스(Gregorio de Cespedes, 1551~1611)의 존재가 있었다. 시간이 되면 빼데스 신부의 고향인 스페인의 비야누에바 데 알까르데떼Villanueva de Alcardete라는 마을을 찾아보고 싶다. 세계여행을 많이 다닌 분들 중에는 투우와 피카소 그리고 상상의 건축가 가우디의 작품이 있는 스페인의 여행을 권하는 분들이 많기 때문이다.

빼데스 신부가 처음 천주교를 조선에 전한 사건은, 1783년 중국에서 세례를 받은 이승훈(李承薰, 1756~1801)에 의하여 한국의 천주교가 시작되었다는 역사를 다시 생각하게 하는 것이다. 21세기 세계화의 시대에는 자신의 문화와 역사의 정체성을 확실히 하는 것이 우선되어야 하는 것이다.

지금부터 일찍 조선 땅을 밟은 또 한 명의 서양 사람의 자취를 찾아 떠나고자 한다.

고대도 교회의 건물벽에 '귀츨라프 기념예배당'이라는 현판이 붙어 있다.

## 서해의 고대도古代島를 향하여

실눈이 뿌리는 2008년 2월 하순에 대천항에서 페리호에 몸을 실었다. 삽시도와 장고도를 거쳐 1시간 20분 만에 고대도에 내리니, 고대도 교회의 박원열 목사께서 마중 나와 계셨다.

포구 가까이 양지바른 산 밑에 옹기종기 모여 사는 54가구 120여 명이 고대도의 전체 주민들이다.

옛적엔 제주도와 전라도 지방에서 한양으로 가는 배들이 거쳐 가는 길목이었으며, 다양하고 비싼 물고기들이 많이 잡혀 살기가 좋았던 어촌이었다고 한다.

고대도 역시 작년 태안반도 기름 유출사건으로 인하여 주민들이 큰 고통에 잠겨 있었는데, 어촌계의 김양근 씨가 힘든 작업으로 병을 얻어 집에서 링거를 맞고 있는 모습을 볼 수 있었다.

박원열 목사는 섬주민들이 기름제거 작업을 할 때 교회가 중심지 역할을 하고 있으며, 16명의 성도들과 함께 '위기는 기회다'라는 믿음을 갖고 희망의 끈을 놓지 않고 있다고 하셨다.

54가구가 옹기종기 모여 있는 고대도 마을 모습

먼저 고대도 교회 2층에 있는 한국교회의 첫 해외 선교사를 기리는 역사관이 있어 전시 자료들을 둘러보았다.

고대도古代島에 1832년 7월 24일 도착하여 8월 17일까지 한 달 가까이 머문 독일 출신의 의사醫師이자 선교사는 바로 귀츨라프(Charles Gutzlaff, 1803~1851)이다.

귀츨라프가 다녀간 사실은 『순조실록純祖實錄』 32년 7월과 8월, 『승정원일기承政院日記』 도광道光 12년 등 모두 8군데에 기록으로 남아 있다.

이들 기록들을 종합하여 핵심적인 것만을 살펴보고자 한다.

19세기 세계가 이른바 '속도바이러스' Virus에 감염

되었을 때, 영국이 쾌속 범선帆船과 증기선 제작 경쟁에서 유럽의 네덜란드와 프랑스 그리고 스페인을 제치고 해상을 장악하였다. 그리고 그들은 동인도회사를 만들어 세계의 25% 정도를 장악하여 해가 지지 않는 강력한 나라를 만들었다.

귀츨라프의 초상화

### 영국의 동인도회사는?

대영제국의 국력이 절정에 달한 1850년대 빅토리아 여왕은, 칭기즈칸의 후예이며 이슬람 세력이 인도에 세운 무굴제국이 무너지자 그 곳에 동인도회사를 만들어 권력의 공백을 채워 버렸다.

전성기의 동인도회사는 약 32만 명의 병사만으로 아시아 대륙의 최고 권력자로서 2억의 인구를 다스렸는다. 역사학자 T.S. 히스코트에 따르면 동인도회사는 "무굴을 계승한 인도의 두 번째 제국"이었다.

과거 거대한 제국들의 흥망사를 기록한 『제국의 미래』(에이미 추아 著)에서는 종교가 세계를 주도하려는 국가간의 경쟁에서 가장 중요한 요인임을 이야기하고 있다.

이 거대한 동인도회사가 인도와 중국 시장에 이어 다른 시장市場 개척을 시도하였는데, 그 일환으로 린제이 H.H. Lindsay에게 타이완 및 조선의 서해안과 제주도, 일본의 오끼나와에 이르는 항로航路를 개척하는 일을 맡겼다.

이때 중국의 첫 해외 선교사인 영국의 모리슨R. Morison의 추천에 의해 중국어에 능통하고 의사醫師인 귀츨라프가 배에 동승하게 되었다.

배의 이름은 '로드 암허스트' S. S. Lord Amherst호였는데 1,000t급의 군함으로 67명의 선원이 타고 있었다.

카알 귀츨라프(Karl Friedrich August Gutzlaff, 영어명 Charles Gutzlaff, 1803~1851)는 이를 조선에 복음의 씨앗을 뿌릴 기회로 보고 한문 성경과 각종 귀한 물품들을 준비하였다.

린제이와 귀츨라프는 각자 항해기를 남겼는데 그 덕분에 지금 그들의 행적을 정확하게 알 수 있는 것이다.

이들은 중국을 거쳐 1832년 7월 17일 황해도 장연長淵에 도착하였으며, 이틀 후에는 녹도鹿島 동쪽의 불모도不毛島에 도착하였다.

그리고 7월 24일에는 충남 보령시 오천면 고대도 앞바다에 정박을 하였는데, 처음 보는 커다란 서양 군함의 등장에 조정에서는 큰 충격을 받아 자세한 기록을 남기게 된 것이다.

귀츨라프 일행은 홍주목사 이민회李敏會와 수군우후 김형수金瑩綬 등 관리들을 만나서 정식으로 조선과 통상通商을 청원請願하는 서한을 주었다. 그리고 한문 성경 신구약 한 질과 26종의 책자와 망원경을 비롯한 선물들을 순조 임금에게 진상하고 답변을 기다렸다.

### 홍주목사는 어떤 일을 하는 사람일까?

조선시대의 충청남도는 공주목사와 홍주목사가 관할하였는데 홍주목사는 현재의 서산시, 홍성시, 보령시, 서천군을 관할하는 부副지사 격의 직책이었다.

귀츨라프 일행은 순조純祖의 답변을 기다리며 고대도에 머문 한 달 가까운 기간에 주민들과 접촉하며 많은 일을 하였다.

그들은 섬 주민들에게 한문 성경을 나누어 주었으며 주변에 난 야생 포도로 포도 재배법과 포도주 담그는 법을 처음 전하여 주기도 하였다.

† 토지의 후박과 수목의 유무니라 담대하라 또 그 땅 실과를 가져오라 하니
그때는 포도가 처음 익을 즈음이었더라(민수기 13:20)

또한 감자를 직접 심어 재배법을 가르쳐 주었고, 한문으로 된 주기도문을 한글로 번역하여 주민에게 가르쳐 주기도 하였는데, 이는 성경을 한글로 처음 번역한 역사적인 사건인 것이다.

귀츨라프는 한글의 자음과 모음 글자를 여행기에 소개하여 세계에 처음으로 한글을 알리기도 하였다.

귀츨라프가 고대도에 도착한 지 10여 일이 지난 순조 32년 7월 8일(양력 8월 4일) 홍주목사 이민회와 수군우후 김형수가 귀츨라프의 도착과 통상청원서를 조정에 전하였는데, 조정에서는 오계순을 파견하여 조사하고 즉시 귀츨라프 일행이 조선을 떠나도록 조처를 취하였다. 그리고 이민회와 김형수는 조정의 허락 없이 외국인과 교류를 하였고 그들을 유연하게 다루었다는 이유로 파직罷職을 시켰다.

당시 조선은 나라의 문을 걸어 잠그는 쇄국정책鎖國政策을 펼치며 천주교인들을 박해할 때이기에 귀츨라프 일행의 요구는 당연히 받아들여지지 않았다.

모든 물품과 청원서는 조정에 보내졌지만 조정에서는 통상청원서와 진상품을 귀츨라프 일행에게 돌려주도록 하였는데, 귀츨라프 일행이 돌려받기를 거절하자 물품의 수량을 파악한 후 홍주의 창고에 보관하였다고 한다. 그 물건들의 행방은 지금까지도 밝혀지지 않고 있는데 이런 사실史實은 『순조실록純祖實錄』과 『일성록日省錄』 7월에 자세히 남아 있다.

귀츨라프 일행이 서해안에 와서 한문 성경을 퍼뜨린 일은 외국의 문물을 받아들이지 않으려던 조선에 큰 영향을 끼치게 된 것이다.

그로부터 꼭 50년 뒤인 1882년 존 로스(John Ross, 1842~1915)와 서상륜이 중국에서 한글로 성경을 처음 번역하게 된다. 당시 우리가 귀츨라프 일행이 전해 준 성경을 받았다면 성서번역의 역사는 크게 바뀌었을 것이라는 생각을 하니 아쉬운 마음이 크다.

8월 17일에 귀츨라프 일행은 요구가 받아들여지지 않자 고대도 주민들과 작별을 하고서 제주도로 향하게 되었다. 귀츨라프의 믿음과 선교 열정은 조선을 다녀간 후에 그가 기술한 여행기에 잘 나타나 있으며 한글을 세계에 처음 알리는 계기가 되기도 하였다.

> "조선에 뿌린 하나님의 진리가 없어질 것인가? 나는 그렇게 믿지 않는다. 조선 백성을 은혜롭게 방문할 하나님의 원대한 계획이 있을 것이다. … 성경에서 여호와 하나님은 보잘것없는 작은 것까지도 축복하신다고 기록되어 있다. 나는 조선에 먼동이 터 좋은 시대가 오기를 바란다."

귀츨라프의 기도와 믿음대로 한국교회는 짧은 기간에 크게 번영을 하였다.

귀츨라프가 1832년 7월 24일부터 8월 17일까지 고대도 부근에서 펼친 한 달 가까운 선교활동을 했다는 사실을 증명할 역사적인 증빙자료가 충분하기에 고대도를 한국교회의 출발지라고 생각을 할 수 있을 것이다.

### 중국 선교의 개척자 모리슨과 귀츨라프

한국은 중국과의 관계를 떠나서는 역사를 생각하기 어렵다. 그러면 중국교회는 생일을 언제로 보는가?

하나님께서 중국 선교를 위하여 준비한 사람은 영국인 로버트 모리슨(Robert Morrison, 1783~1834) 선교사였다. 모리슨은 25세의 나이에 목사가 되고 런던 선교회의 파송을 받아 미국을 거쳐 중국을 향하게 된다.

모리슨의 여정은 그를 태운 트라이던트The Trident호가 뉴욕항을 출발하여 중국까지 넉 달이 걸리는 긴 항해였다. 모리슨은 긴 항해 끝에 1807년 9월 4일 마카오섬에 도착을 하였는데, 이날을 중국교회의 출발일로 역사는 기록을 하고 있다. 그러므로 작년 2007년 9월 4일은 중국 기독교의 200주년 생일이 되는 날이기도 하다.

마카오에는 모리슨 기념교회와 가족 묘지가 있다고 한다. 모리슨 한 사람의 영향은 중국뿐이 아니라 한국 선교에도 지대한 영향을 끼치게 된다.

모리슨이 1813년에 처음으로 영어 성경을 한문으로 번역을 하였는데 이 성경을 토대로 하여 로스와 서상륜이 1882년 한글로 성경을 번역한 것이다. 귀츨라프는 모리슨을 만나며 한국의 서해안과 일본 해안을 비롯한 50여 개의 섬에 선교를 하는 비전을 품게 된 것이다.

귀츨라프의 항해기가 '한국교회의 첫 순교자'인 토머스가 다니던 호머턴 컬리지 Homerton College에 비치된 때가 1836년이다. 귀츨라프 항해기의 조선에 관한 부분에 밑줄 자국이 있었는데, 아마도 토머스가 열심히 읽고 조선 선교의 꿈을 키우지 않았나 상상을 하게 된다.

한국 선교에 공이 큰 귀츨라프와 로스John Ross 그리고 토머스 선교사 세 사람 모두 모리슨과의 깊은 관련성과 선교를 하는 동안 모두 아내를 잃었다는 공통점이 있다.

### 귀츨라프는 어떤 생애를 살았는가?

한국의 첫 해외 선교사인 귀츨라프는 1803년 6월 6일 독일의 폼머Pommern라는 마을에서 태어났다. 귀츨라프는 네덜란드 선교회에서 공부를 하였으나 중국 선교의 개척자 모리슨의 영향으로 1830년부터는 런던 선교회의 소속으로 일을 하게 되었다.

모리슨이 중국에서 선교를 하다가 영국으로 돌아오자 21살 아래인 귀츨라프는 바로 모리슨을 만나러 런던으로 갔다. 중국 선교의 이야기를 모리슨에게 듣고 귀츨라프는 중국 선교를 결심하게 된 것이었다.

고대도 교회의 역사관 내부 모습

귀츨라프는 혈통이 복잡하고 가난하였으며 세 여자와 결혼한 경력이 있고 두 딸은 일찍 죽어 혈육이 없는 불행한 사람이었다. 또한 머리가 좋고 어학에 재주가 있었다고 하나 성미가 급하고 경망하여 목적을 위하여 수단을 가리지 않는 성격이었다고 한다.

귀츨라프는 왕성한 열정과 의욕을 가진 이였기에, 북北으로는 중국의 톈진天津에서 남南으로는 자바Java, 서西로는 방콕에서부터 일본의 에도東京 앞바다에 이르기까지 그의 발자취는 넓게 펴져 있다.

귀츨라프는 선교지에서 부인을 잃었고 재혼한 부인과도 사별을 하였으며, 세 번째 부인인 가브리엘과 유럽여행을 마치고 홍콩에 돌아와서는 1851년 8월 9일에 급사急死하니, 당시 귀츨라프의 나이가 48세였을 때이다.

홍콩에는 귀츨라프의 이름을 딴 거리가 있으며 묘지는 사진으로만 전해지고 있다고 한다.

귀츨라프가 세상에 남긴 혈육은 한 사람도 없으나 전도한 수많은 믿음의 후손들이 동양의 곳곳에 살아 있으니 귀츨라프의 생애를 누가 불쌍하다고 평가할 것인가?

옛 고대도 교회 건물이 잘 보존되어 있다.

### The truth will set you free!

성경에 보면 여호수아는 물이 넘치는 요단강을 건너게 하신 하나님의 능력을 기리기 위하여 길갈에 요단강에서 가져온 돌 12개로 기념비를 세웠다는 이야기가 있다.

우리도 첫 선교사와 성경을 보내신 하나님의 영광을 기리는 열두 개의 돌을 고대도에 세워야 하지 않겠는가?

> † 여호수아가 그 요단에서 가져온 열두 돌을 길갈에 세우고 이스라엘 자손들에게 일러 가로되 후일에 너희 자손이 그 아비에게 묻기를 이 돌은 무슨 뜻이냐 하거든 너희는 자손에게 알게 하여 이르기를 이스라엘이 마른 땅을 밟고 이 요단을 건넜음이라 (여호수아 4:20-22)

곽길보郭吉保 목사가 고대도에 1982년 4월30일 '귀츨라프기념예배당'을 지었는데 이는 귀츨라프 선교사가 다녀간 지 150년 만의 일이었다.

고대도가 한눈에 내려다보이는 나지막한 산 밑에 세워진 옛 고대도 교회는 지금도 그 자리를 지키고 있었다.

2001년 한국교회는 고대도 교회를 귀츨라프기념교회라고 칭하였고, 2005년에는

박원열 목사와 잔설이 내리는 교회 앞에서.

기념교회를 건축하였다. 과거 귀츨라프의 삶을 오늘에 되살리는 일은 한국교회와 어떤 인과관계因果關係가 있는 것일까?

그는 지리적이고 환경적인 조건에 갇혀 살기를 거부한 사람이었으며 성경의 **"진리가 너희를 자유케 하리라!"**는 말씀을 오직 몸으로 증명한 사람이었다.

오늘날 귀츨라프의 삶을 돌아보는 이유는 신앙의 중심이 오직 예수 그리스도임을 깊이 깨닫기 위한 것이다.

> † 내가 너희 중에서 예수 그리스도와 그의 십자가에 못 박히신 것 외에는 아무것도 알지 아니하기로 작정하였음이라(고린도전서 2:2)

필자는 고대도를 떠나는 배를 타기 전 박원열 목사께 물었다. 박 목사님은 젊고 자녀교육 문제도 있는데 성도가 20명도 안 되는 고대도에서 목회를 언제까지 하실 예정인지요?

"예? 저는 이곳에 평생을 살려고 기쁜 마음으로 가족들과 왔습니다. 이제 한국 선교사들 중에 은퇴를 하시고 귀국하시는 분들이 많아지고 있습니다. 저는 그분들을 이곳에 모시고 그분들의 선교 경험을 살려 '귀츨라프 선교학교'를 세워서 젊은 해외 선교사들을 양육하려고 합니다. 저는 행복한 목회를 하고 있으며 아내도 만족을 합니다. 저는 이곳이 좋습니다."

박원열 목사의 환한 미소를 보며 한국교회의 밝은 미래를 읽게 된다.

다음은 한국교회 첫 순교자 토머스를 기리는 강화도의 토머스 기념관을 찾고자 한다.

토머스의 모습

# 3 첫 순교자, '토머스 기념관'

인천광역시 강화군 내가면 구하리 산 396
www.tcfkc.co.kr

† 이 천국 복음이 모든 민족에게 증거되기 위하여 온 세상에 전파되리니 그제야 끝이 오리라(마태복음 24:14)

천국 복음을 전하기 위한 전도, 선교 그리고 교회의 설립은 하나님이 직접하시는 경영이므로 우리의 관점으로 실패와 성공을 가늠할 수 있는 것은 아니다.

귀츨라프가 고대도에 한 달을 머물면서 복음을 전하고 떠난 1832년 8월 17일 이후에도 하나님의 선교는 계속되었기에 그 현장을 찾아보고자 한다.

오늘은 5,000여 년의 역사가 집약되어 있는 지붕 없는 박물관이라고 하는 강화도의 북쪽에 있는 창후리 포구를 찾았다. 창후리에서 교동도로 건너가는 배를 타면 왼편으로 작은 등대 하나가 서 있다. 이 등대가 서 있는 쌍여(물밑에 있는 두 개의 바위돌이라는 순수 한국말)라는 바위에는 한국교회의 첫 순교자인 토머스의 이야기가 전해 오고 있다. 토머스와 쌍여와의 만남의 흔적을 더듬어 보는 여정을 시작하여 보자.

토머스는 1864년 3월에 중국에서 사랑하는 아내 켈

창후리 바닷가의 쌍여에 등대가 서 있다.

로라인을 잃고 낙망하여 런던선교회를 사임하고 즈푸 세관에서 통역으로 일을 할 무렵, 조선 땅에는 기독교인이 한 사람도 없다는 말을 듣게 된다.

토머스가 스코틀랜드 성서공회 중국지부 총무인 윌리엄슨A. Williamson의 도움으로 중국인 우문태의 배에 한문 성경을 싣고 1차 조선 선교여행을 떠난 때가 1865년 9월 4일이었다. 토머스가 서해의 백령도를 비롯한 인근의 섬에 성경을 나누어 주고 주민들에게 조선의 왕이 사는 한양을 가는 뱃길을 물은 것이 기록에 남아 있다.

토머스는 1차 선교여행을 떠났으나 거센 풍랑을 만나 간신히 베이징으로 돌아왔는데, 어느 곳에서 풍랑을 만났는지는 기록으로 확인되지 않고 있다. 그러나 당시 교동도에 살았던 박동엽의 집안에는 토머스가 백령도와 볼음도를 거쳐 한강을 거슬러 올라가는 길목을 밤중에 탐색하다가 풍랑을 만나 타고 온 배가 쌍여에 걸려 교동도에 대피하였을 때 그들이 많은 도움을 주었다는 이야기가 전해지고 있다.

내용인즉 토머스가 교동도의 호도포에 올라 당시 교동도의 3대 부자였던 박동엽의 집에 머물면서 배를 고치고 식량과 물을 채우는 등 도움을 받았고 이튿날 밤에 몰래 교동도을 떠나 다시 중국으로 돌아갔다는 이야기이다.

박동엽 집안에 입으로 전해지는 내용에는 토머스가 신었던 장화, 얼굴 모습 등의 이야기가 있다. 그리고 토머스가 영국의 누이동생들에게 보낸 편지들을 종합하여 볼 때 토머스가 교동도를 다녀간 이야기는 타당성이 있다고 볼 수 있는 것이다.

조선시대에 교동도는 한강의 입구에서 한양으로 들어가는 배를 감시하던 섬으로 삼도수영三道水營이 설치된 전략적으로 중요한 섬이었다. 이러한 섬에 토머스가 밤중에 몰래 목숨을 걸고 다녀간 일이기에 『조선실록』 등에 기록으로 남아 있지 않아 정사正史로 인정받지 못함을 안타깝게 생각을 하는 것이다.

베이징으로 간신히 돌아온 토머스는 계속하여 조선을 향하는 배를 물색하다가 드디어 1866년 8월, 통상하기 위하여 조선으로 떠나는 동인도회사의 제너럴셔먼 General Sherman호의 안내자 겸 통역으로 동행을 하게 된다. 윌리엄슨의 지원으로 성경을 배에 잔뜩 싣고 떠났는데, 토머스는 1년 전에 가 보았던 조선의 뱃길에 익숙하지 못해 한강이 아닌 대동강으로 들어갔던 것이 아닌가 하는 생각이 든다.

당시 제너럴셔먼호는 미국에서 사용하던 군함으로 배를 본 평양 주민들은 그 엄청난 크기에 놀라 난리가 났는데, 통상을 요구하던 셔먼호는 대동강의 물이 빠지자 꼼짝 못하는 신세가 되고 말았다.

이때 평양감사 박규수의 명령에 따라 관군은 배에 불을 지르고 24명의 선원들을 모두 죽였는데, 조선에 기독교를 처음 전하려던 영국인 토머스(Robert Jermain Thomas, 1839~1866)도 선원들과 함께 죽게 되니 27세의 젊은 나이였다.

그는 가져온 한문 성경을 대동강변에 던지며 "예수! 예수!"라고 소리치며 숨을 거두니 1866년 9월 5일 황혼이 질 무렵이었다. 이러한 그의 죽음은 오랜 기간 묻혀 있다가 평양의 숭의여자학교 영어교사 오문환(吳文煥, 1903~1962)을 통하여 세상에 알려지게 되었다

오문환을 중심으로 토머스를 기리는 기념교회가 1932년에 그가 순교한 자리에 세워졌다가 일제에 의해 파괴되고 말았다. 여기에서 토머스의 순교가 끼친 영향에 대한 논의가 필요하다. 이유는 토머스가 조선에 오자마자 순교를 당하여 눈에 보이는 이렇다 할 선교 열매가 없는 분이라 해도 한국교회의 첫 단추가 된 것만은 틀림이 없

기 때문이다.

그는 분명히 조선에 기독교를 전하려는 동기와 열정을 보여 주었고 한문 성경을 전한 공 또한 크다. 그를 싣고 온 제너럴셔먼호의 방화사건은 일본에 주둔하던 미국 해군과 조선군간의 전쟁으로 발전한 신미양요(辛未洋擾, 1871)의 원인이 되었고, 조선 정부는 결국 1882년 제물포에서 '조미수호통상조약'을 맺게 되었다. 이 조약으로 미국인의 조선여행이 가능해져 중국에 머물던 앨런을 비롯한 선교사들이 조선에 들어 오도록 문을 열게 된 것이다.

한국과 미국의 끈끈한 유대관계는 토머스의 순교역사에서 출발을 하였으며, 6·25 전쟁 때 미국을 중심으로 하여 16개국의 UN군이 참전을 하여 공산화 일보 직전의 대한민국을 살린 것도 나라의 흥망성쇠가 하나님의 손안에 있다는 것을 보여 주는 증거가 되는 것이다.

토머스가 죽을 때 던진 한문 성경을 건네받은 최치량과 박영식이 후에 예수를 믿고 구원을 받게 되었으며, 그 성경으로 집안을 도배한 박영식의 여관집에서 1893년 6월 마펫 선교사가 첫 예배를 드렸는데 이 집이 바로 평양 최초의 교회인 널다리교회가 되었다는 이야기도 전해진다.

토머스의 순교 이야기는 그가 죽은 지 상당한 시간이 흐른 뒤 그의 시체를 발견한 오문환 장로가 당시 구전으로 전해지는 이야기들을 책으로 쓴 것이기에 앞으로 역사학자들에 의한 더 많은 연구와 검토가 필요하다고 본다.

특히 토머스에게 성경을 주고 조선에 파송했던 스코틀랜드 성서공회의 윌리엄슨은 그의 소식을 알기 위하여 만주 일대를 여행하다가 한참 후에 토머스의 사망소식을 듣게 되었다. 그가 한 젊은이의 안타까운 죽음을 스코틀랜드 장로교회 소속의 로스(John Ross, 1842~1915)에게 전하자, 로스는 큰 감동을 받고 자신의 사명을 조선 선교에 걸게 되었다.

심양에 자리를 잡은 로스가 조선인을 만나려고 중국과의 경계인 고려문에 와서 전도를 하다가 하나님의 섭리로 이응찬을 만나 교제하며 성경번역을 시작한 때가 1877년이었다. 후에 서상륜, 서경조 형제와 백홍준 등을 만나 이들과 영어와 한글을 서로에게 가르치면서 심양의 동관교회의 사택에서 최초의 한글 성경을 제작하게 된 것이었다.

이들이 번역한 성경은 집안 출신의 김청송에 의하여 인쇄가 되어 조선으로 반입이 되었고, 백홍준에 의하여 우리나라 최초의 예수공동체가 의주에 설립되었다. 백홍준은 관군에게 발각되어 사형을 당하니 최초의 한국인 순교자가 되었다.

한국의 기독교는 미국의 선교사들이 입국하기 전에 권서들에 의하여 한글 성경이 전국에 보급되었고 예수공동체가 곳곳에 세워진 독특한 역사를 갖고 있는 것이다.

1961년 미국 기상학자 로렌츠E. Lorentz는 '나비효과' 라는 용어를 만들면서 베이징의 나비 날갯짓이 한 달 후에는 뉴욕의 태풍으로 발전을 할 수 있다는 이론을 제시하였다.

나비효과의 이론에 의하면 지구의 구석에서 일어난 작은 사건이 세계적인 사건으로 발전이 가능하다고 보는 것이다. 이와 같이 토머스의 순교는 한 젊은이의 안타까운 작은 죽음이었지만 그 파급효과는 한국사회에 지금껏 큰 영향을 끼치고 있는 것이다.

### 토머스 기념관은 왜 건립되어야 하는가?

한국교회는 짧은 기간 안에 엄청난 발전을 하여 세계 선교의 2대 강국이 되었음에도 첫 순교자 토머스를 기리는 기념관 하나 없다는 사실을 어떻게 생각해야 하는가?

필자는 몇 년 전에 창후리의 등대가 내려다보이는 강화군 내가면 구하리의 산 중턱에 '토머스 기념관' 을 건립할 부지 2,000m²(600평)를 마련하고 동상과 시비 등을 설치하여 공원을 만들었다.

앞으로 토머스 기념관이 건립되면 북한 땅인 개풍군이 아주 가까이 보이는 곳에 위치하기에 북한 선교와 통일을 위하여 기도하는 곳이 될 것이다.

그리고 한국교회에서 해외로 파송하는 선교사들은 인천공항에 가기 전에 이곳에 들러 토머스의 순교정신으로 결단하고 비행기에 오르게 될 것이고, 미래 세대들이

2008년 9월 5일에 토머스 순교 142주년 기념예배를 드렸다(설교는 고훈 목사께서 맡아 주셨다).

한국교회의 선조들이 어떻게 신앙생활을 하였으며 어떤 분들이 순교를 하셨는지 그 역사를 배우고 전하는 곳이 될 것이다.

우리가 역사를 배워야 하는 이유는 새 역사를 만들기 위하여 과거의 역사를 알아야 하기 때문이다.

> †그들에게 이르기를 요단 물이 여호와의 언약궤 앞에서 끊어졌었나니 곧 언약궤가 요단을 건널 때에 요단 물이 끊어졌으므로 이 돌들이 이스라엘 자손에게 영영한 기념이 되리라 하라(여호수아 4:7)

### 기념관을 세우시는 주님의 손길

지금부터 필자의 아내가 2002년 봄, 일산병원에서 갑상선암 수술을 마치고 3회의 방사선 치료를 받으면서 힘이 들어 생을 포기하려고 할 때의 이야기를 하고자 한다.

필자는 토요일마다 아내를 데리고 창후리에 있는 마라쓴물 온천에 와서 목욕을 하였는데, 물이 좋아서인지 아내는 힘을 얻기 시작하였다. 필자는 기쁜 마음에 퇴직을 하면 공기 좋고 물 좋은 강화도로 이사를 와야겠다고 생각을 하였다.

토머스 순교기념시비를 기증한 안산제일교회 고훈 목사 부부와 공사를 맡으신 윤옥철 장로(우측)

　마침 공립학교에서 사립학교로 옮기면서 퇴직금을 미리 받아 빚을 갚고 남은 돈으로 내가면 구하리에 600평의 맹지盲地(도로가 없는 땅)를 구입하였다. 날이 좋은 날 부지에서 앞을 내려다보니 교동도와 토머스와 인연이 있는 쌍여, 그리고 북한의 개풍군이 눈에 잡힐 듯 가깝게 보이는 것이 아닌가?

　그 순간 이 땅에 주님께서 토머스 기념관Thomas Memorial을 지으시려는 섭리를 깨닫고 그 후에 아내와 같이 기도를 하고 있다.

　이곳은 자라나는 후대들에게 하나님이 과거 우리 민족에게 베푸신 은혜의 기적들을 책과 돌에 기록하여 가르치는 곳이며, 엘리야처럼 사역에 지친 영혼들이 순교신앙으로 회복되는 로뎀나무 밑이 되기를 소망하는 곳이다.

　또한 예수를 믿으며 신앙생활은 오래하였지만 아직 야곱 같은 인본주의의 신앙인들이 순교신앙으로 신본주의의 이스라엘로 변화되는 얍복강가가 되기를 기도하고 있는 것이다. 이제 한국교회는 앞으로 꼭 있어야 할 토머스 기념관이 세워지도록 기도와 협력을 해야 할 것이다. 한 사람의 꿈은 망상이 될 수 있지만 여러 사람이 같이 꾸는 꿈은 반드시 이루어지는 것이다.

　　미래는 예측하는 것이 아니라 여러분이 상상하는 것이다. (앨빈 토플러)

# 2
# 한국 전통양식의 교회 유적지

1_복원된 한국의 첫 교회, 소래교회
2_'一'字형의 한옥교회, 자천교회
3_머슴출신 총회장 이자익 목사와 'ㄱ'자 예배당 금산교회
4_부자富者 박재신과 'ㄱ'자 예배당, 두동교회

복원된 소래교회

# 1 복원된 한국의 첫 교회, 소래교회

경기도 용인시 양지면 제일리 산 41-11
☎ 031-338-3287

†나는 하늘로서 내려온 산 떡이니 사람이 이 떡을 먹으면 영생하리라 나의 줄 떡은 곧 세상의 생명을 위한 내 살이로라 하시니라(요한복음 6:51)

커피의 프리미엄이라고 자부하는 스타벅스가 근래 경영의 어려움을 겪고 있다. 한때 한국에서도 100호점을 열면서 커피문화를 오감으로 전한다던 전설의 스타벅스가 위기를 맞은 이유가 무엇일까?

스타벅스는 지난 4년 간 커피 외에 영화와 음반 등 엔터테인먼트 사업에 주력을 했다고 한다. 하지만 결과적으로 영업 실적이 줄어 영화 등 사업을 정리하고 핵심 사업으로 돌아오고 있다고 하는데, 핵심을 놓치면 근본이 흔들리는 법인 것이다.

우리 신앙의 핵심은 예수 그리스도이기에 교회가 이 핵심을 놓치면 흔들리게 되는 것이다. 근래 우리 사회와 교회가 너무 흔들리고 있다는 생각에 교회가 처음 한국땅에 세워졌던 시간 속으로의 여행을 통하여 우리 신앙의 순수성과 거룩성을 회복하는 기회로 삼고자 한다.

## 우리나라에 언제쯤 처음 교회가 세워졌을까?

우리나라에 처음 세워진 교회는 어떤 곳일까? 확실하게 아는 분들이 많지 않은 것 같다.

오늘은 한국의 첫 교회, 소래교회를 복원해 놓은 총신대학교를 찾아 나섰다. 마침 눈이 약간씩 내리는 바람에 여행 기분을 돋우어 주었다.

사람들이 여행을 하는 이유 중에는 자기 자신을 더 잘 알기 위해서라고 하지만 필자는 행복해지기 위하여 여행을 즐기는 편이다. 여행을 하면 고생인데 왜 행복하여 질까? 여행은 익숙한 곳을 떠나는 것이기에 사람을 순수하게 만드는 묘한 힘이 있기 때문은 아닐까?

고난 속에서도 행복하고 싶은가? 순수하고 거룩해지면 행복해진다!

영동고속도로의 양지 IC로 나오면 왼편으로 총신대 신학대학원의 안내판이 보이는데, 그 곳에서 약 1.5km 더 들어가니 총신대 신학대학원이 나온다. 방학 중이라 캠퍼스는 아주 적막했다.

이곳은 용인의 한국순교자기념관과 가까운 곳에 있어 같이 둘러보면 의미 있는 역사탐방이 될 것이다.

서상륜과 이수정을 기리는 기념비

캠퍼스의 정문으로 들어와 생활관 뒤쪽으로 올라가면 1988년에 복원한 소래교회 건물이 눈에 들어오는데, 그 건물은 기와를 올린 전형적인 'ㄱ'자 한옥 건물로 소래교회에 세 번째로 지어진 건물을 복원하여 놓은 것이다.

소래교회 마당에는 일본 경찰에게 고문을 당하면서도 '예수 천당'을 얼마나 열심히 부르짖었던지 일본 경찰들도 두 손을 들었다는 최권능 목사의 기념비도 세워져 있다.

그리고 일본에서 성경을 한글로 처음 번역하신 이수정과 소래교회를 세운 서상륜을 기리는 기념비도 나란히 세워져 있다. 원래 황해도의 아름다운 바닷가에 처음 세워졌었다는 소래교회(솔내교회, 송천교회)의 역사적인 의미를 돌아보고자 한다.

소래교회가 처음 세워진 때는 1883년 5월 16일(1884년으로 보는 견해도 있다)인데, 오직 우리 조상들의 믿음에 의해서 세워진 교회라는 점에서 큰 의미가 있다고 본다.

소래교회를 세운 서상륜(徐相崙, 1848~1921)과 동생 서경조(徐景祚, 1852~1938)는 청년 시절에 장사를 하기 위해 만주에 갔다가 장티푸스에 걸렸다고 한다.

서상륜은 목숨이 위험한 상태에서 스코틀랜드 선교사인 맥킨타이어(Jone MacIntyre, 1837~1905)의 간호로 회생을 하게 되자 감격하여 기독교 신자가 되었으며, 동생 서경조와 함께 로스(John Ross, 1842~1915)를 도와 한문 성경을 한글로 처음 번역하였다.

이들의 한글 성경 번역은 문학적으로도 큰 의미가 있는 사건이다. 르네상스 시대 이래 어느 나라든 성경의 번역본을 가진 나라는 문화가 급속히 발달하였다.

몇 년 전에 중국의 심양시에 있는 동관교회를 방문하였을 때 교회 한 편에 로스와 서상륜 등이 성경을 같이 번역하던 건물이 잘 보존된 것을 보았다.

서상륜과 서경조는 1883년에 번역한 성경을 가지고 황해도 장연군 송천에 와서 소래교회를 세웠는데, 1885년에는 20여 명의 교인이 생겼다. 1887년에는 서경조와 최명오가 서울에 가서 언더우드 목사에게 세례를 받았으며, 그 해 9월에 언더우드가 개척된 소래교회를 보고 상당히 놀라워 하였다고 한다.

조선에 온 아펜젤러, 게일James Scarth Gale, 마펫Samuel Austin Moffett, 멕켄지 등 해외 선교사들은 바닷가에 위치한 환경이 좋은 소래교회에 와서 조선의 풍속과 어학훈련을 받기도 하였다.

### 성경 봇짐 메고 전국을 누빈 권서勸書는 누구인가?

해외 선교사들이 조선에 복음을 전하기 전에 이미 성경은 한글로 번역이 되어 전국에 약 2만 권 정도가 펴져 있었다. 이것은 조선인의 문화수용 능력과 개신교의 주체적인 출발을 보여 주는 것으로 세계 기독교 역사상 유례가 없는 일이다.

성경 번역의 주인공은 서양 선교사였지만 조선 민중에게 성경을 전해 준 것은 권서(勸書, Colporteur: 책을 권하는 사람)라는 사람들이었는데, 영국성서공회의 자료에 의하면 조선에 선교사가 들어오기 전부터 수많은 권서들이 산을 넘고 물을 건너 방방곡곡에 한글 성경을 전하고 전도를 함으로써 교회들이 세워지도록 기반을 마련하였다는 것이다.

첫 권서가 바로 서상륜, 서경조 형제로 해외 선교사들을 도와 1887년 서울에서 새문안교회를 세우기도 하였다. 1940년까지 조선에서 활동을 하던 권서는 대략 2,000여 명으로 추정을 하고 있다.

기독교 초기에 교회와 목회자가 많지 않을 때 권서들의 역할이 무척 컸으며, 이들은 전도자나 조사Helper를 거쳐서 신학을 마치고 목회자가 되는 경우도 많았다.

초기 권서로 활동을 하였던 서상륜, 이응찬李應贊, 백홍준白鴻俊 등 수많은 권서들의 역사를 부활시킬 수는 없는지?

### 소래교회가 배출한 믿음의 인물들은 누구인가?

소래교회는 서경조의 초가집 사랑방에서 시작하였는데, 교인들의 수가 늘어나면서 예배당을 지을 때 '우리나라 최초로 짓는 교회이므로 우리들의 손으로 짓자!' 라며 언더우드의 후원도 거절하였다고 한다.

1895년 7월에는 동네의 사당祠堂터에 8칸짜리 기와집을 지어 언더우드를 모시고 교회 헌당식을 가졌다. 당시에 소래교회를 지키던 캐나다 출신의 멕켄지가 별세한 후에 그의 유산으로 제일학교를 세웠는데, 멕켄지는 조선에 와서 환경에 적응을 하지 못하다가 질병에 걸려 사망한 것으로 전해지고 있다.

소래교회는 황해도 바닷가의 작은 교회에 불과하지만 한국교회의 모母교회로서 중요한 인물들을 많이 배출한 곳이다.

서상륜은 해외 선교사들을 도와 전국을 다니며 복음을 전하다가 1926년에 별세하였으며, 동생 서경조도 소래교회를 세우고 한국 최초의 장로를 거쳐 목사(1907년)가 되었다.

서경조의 아들 서병호(徐丙浩, 1885~1972)는 서상륜의 양자가 되었으며, 경신학교 교장으로 있다가 상해임시정부에 가서 독립운동을 하였다.

또 소래교회 출신의 김명선(金鳴善, 1897~1982)은 의학박사로 세브란스 병원을 키웠으며 김필례(金弼禮, 1891~1983)는 정신학교 교장으로 많은 후학들을 키웠고, 김마리아(金瑪利亞, 1891~1944)는 일본에 유학시 3·1 독립운동을 주도하였으며 상해 애국부인회와 재미애국부인회를 만들어 활동하다가 감옥에서 순교하였다.

시골구석에 세워진 소래교회에서 위대한 인물들이 많이 나올 수밖에 없는 이유는

서경조의 증손자인 대한성서공회의
서원석 장로와 함께.

무엇일까? 그 이유를 알기 위하여 서울의 양재역 부근에 있는 대한성서공회에 근무하는 서원석 장로를 찾았다.

서원석 장로는 바로 서경조의 증손자인데 소래교회에 대한 자세한 이야기를 들려주었다.

소래교회에는 당시 조선에 온 해외 선교사들이 많이 들어와 성도들과 함께 지내는 바람에 소래교회 성도들이 다른 지역보다 일찍 개화가 되었다는 것이다.

아브라함의 하나님, 이삭의 하나님, 야곱의 하나님은 우리의 하나님이 되시기 때문에, 우리도 신앙 선조들처럼 성경 말씀을 늘 읽고 기도하고 묵상하는 삶과 주일 예배와 십일조 생활을 잘할 필요가 있는 것이다.

그리고 신앙의 순도純度는 교회 속에서가 아닌 세상이라는 상황 속에서 가늠하는 것이라고 생각을 한다.

다음은 한국교회 유적들 중 세계에 자랑을 할 만한 건물을 보존하고 있는 경상북도 영천시의 자천교회를 찾고자 한다.

자천교회 전경

## 2 '―'字형의 한옥교회, 자천교회

경북 영천시 화북면 자천 3리 773
☎ 054-337-2775 www.jacheon.net

†인류의 모든 족속을 한 혈통으로 만드사 온 땅에 거하게 하시고 저희의 년대를 정하시며 거주의 경계를 한하셨으니 이는 사람으로 하나님을 혹 더듬어 찾아 발견케 하려 하심이로되 그는 우리 각 사람에게서 멀리 떠나 계시지 아니하도다(사도행전 17:26-27)

한국인은 오랫동안 불교와 유교, 그리고 민속신앙(샤

자천교회 내부는 남녀 좌석이 구분되어 있다.

머니즘)의 강한 영향력 아래에서 살아온 사람들이다. 그러나 한국에는 짧은 시간에 많은 교회들이 세워졌으며, 미국 다음가는 선교 대국이 되었다.

성령님께서 한국교회를 사용하시어 21세기에 그리스도의 복음을 예루살렘과 유대와 사마리아 땅 끝까지 전하고 계신 것이다. 성령은 부족한 개인과 교회 및 국가를 사용하시기에 우리는 어떤 환경도 불평하기보다는 오히려 감사를 해야 하는 것이다.

특히 이사야서 60장의 말씀은 참으로 우리에게 힘을 주는 구절들이 많다.

† 그 작은 자가 천을 이루겠고 그 약한 자가 강국을 이룰 것이라 때가 되면 나 여호와가 속히 이루리라(이사야 60:22)

필자가 평교사 시절 학교에서 학생들에게 복음을 전하다 다른 교사들과 학교장에게 따돌림을 당할 때 이사야 60장을 수백 번도 더 읽으면서 힘을 얻었던 경험이 있다. 하나님은 우리에게 복음을 전하는 비전을 주시고 그 비전을 이루어 가시는 것이다.

우리는 비전과 현실의 차이가 클 때 실망하고 포기하는 경우가 있지만 사실 그 차이가 바로 우리가 하나님과 깊은 교제를 갖게 되는 기회인 것이다.

필자는 이것을 깨닫고 기쁜 마음으로 유적답사기를 통하여 예수님의 제자들이 이

자천교회 신점균 목사와 함께.

룬 역사적인 현장을 찾아 다니며 기록으로 남기는 일을 하고 있는 것이다.

한국판 사도행전을 기록하는 심정으로 떠난 여정 중, 오늘은 기독교가 불교와 유교 그리고 샤머니즘의 풍토에서 한국에 토착화되는 과정을 보여 주는 자천교회慈川敎會를 찾고자 한다.

## 자천교회의 중요성은 무엇일까?

자천교회는 대구와 포항을 잇는 고속도로의 영천 IC로 나오면 금방 갈 수가 있는 곳이다. 영천시 화북면 자천리라는 작은 시골 마을에 아름다운 전통양식의 자천교회가 세워져 있다는 것이 궁금하기도 하고 흥미롭기도 하다. 교회에 도착하니 신점균 목사님이 친절하게 안내를 해 주셨다.

신 목사에 의하면 교회 건물과 종탑은 옛 형태로 잘 복원되어 있으며, 교회 옆에 살던 김부자댁에서 한옥들을 몇 채 기증하여 한옥체험 마을도 준비 중이라고 하셨다.

자천교회는 6년 전에 부임한 신점균 목사께서 기도하고 노력한 결과 2003년에 경상북도 문화재 자료 452호로 지정을 받았으며, 2005년 11월까지 복원공사를 마쳤다고 한다.

자천교회 옆에는 한옥마을이 있어 고즈넉한 분위기가 넘친다.

1904년에 지어진 자천교회는 약 83㎡ 크기의 일자형一字形 구조로, 여러 번 증축增築을 하였지만 기본 형태는 현재까지 보존을 잘하고 있다.

교회는 나무로 지은 한옥구조를 하고 있지만 지붕은 한옥과 서양식을 혼합한 형태이며, 내부는 남녀가 따로 앉아 예배를 드리도록 예배당 가운데를 나무판으로 분리시켜 놓았다.

재미있는 것은 여자 성도들이 드나드는 문은 두 개이고 남자 성도들이 다니는 문은 하나인데, 이것을 보면 당시에도 여자 성도들이 더 많지 않았나 추측을 하게 된다.

교회의 마당에는 독특한 양식의 굴뚝이 있으며, 예배당 좌석 뒤편에 사랑방을 만들어 외부의 손님들이 묵어 갈 수 있도록 배려해 놓았다. 요즘으로 말하면 교회 안에 게스트 룸을 만든 것과 같은 것으로 볼 수가 있다. 한국의 문화적인 배경이 되는 불교나 유교의 전통을 고려하여 거부감이 없도록 교회건물을 지은 곳이 다른 몇 군데에 더 있다.

당시 첩첩 시골인 이곳에 자천교회가 어떻게 세워졌을까?

경상북도 청송에서 영천永川으로 넘어오는 고개인 노귀재(530m)라는 고갯길에서 한 해외 선교사가 쉬고 있다가 경주에서 서당을 운영하던 훈장訓長 한 분과의 우연의 만남이 이루어지며 역사는 시작된다. 필자는 우연이라는 단어를 하나님의 섭리로 설

자천교회 굴뚝의 모습이 특이하다.

명하는 것을 매우 즐기는 편이다. 내가 도저히 이해가 안 되는 일들이 생길 때 우연이라는 말을 사용하는 것은 아닌지?

이 선교사는 1897년 대구제일교회를 세운 애덤스(J.E. Adams, 1867~1929, 한국명 안의와)이며 훈장은 바로 권헌중權憲中이라는 사람이다.

후에 권헌중은 노귀재에서 애덤스가 전한 예수 그리스도를 영접하였으며, 1897년 대구로 이사가려는 계획을 포기하게 되었다. 그리고 가까운 자천리에 초가草家 한 채를 구입하고 정착하였다.

초가를 예배당 겸 서당書堂으로 운영을 하면서 애덤스와의 교제를 이어 가다가, 다음해에 안의와 선교사는 교회당을 짓기로 결정하였다. 하지만 주민들의 반대가 극심하여 교회 건축을 중단하게 된다. 그러나 교회 건축을 포기하지 않고 후에 면사무소와 파출소를 동네에 지어 주는 조건으로 교회당을 세우게 되었다.

권헌중은 자천교회에 2년제의 신성소학교를 만들어 50여 명의 학생들을 가르쳤고 교회의 장로가 되어 설교와 교회의 운영을 맡아 봉사의 삶을 살았다. 권헌중은 1925년 12월에 하늘나라로 갔지만 이곳 유교문화권에 기독교가 뿌리를 내리는 과정을 잘 보여 주는 자천교회를 남겼다.

자천교회 예배당은 서양식과 한옥의 구조가 혼합되어 있다.

## 선교와 전도의 목적은 무엇인가?

크리스천은 선교와 전도의 목적에 대한 확고한 정의를 가질 필요가 있는데 바로 그것은 성도들이 모여 예배당을 짓고 하나님에게 예배를 드리는 데에 있는 것이다. 그리고 교회당을 짓고 선교를 하는 것은 '하나님께 예배'를 드리기 위한 수단인 것을 확실히 할 때 선교와 전도가 힘을 받게 되는 것이다.

복음의 본질은 훼손을 하면 안 되지만 복음을 다양한 문화라는 용기에 담아 전해야 하는 것이다. 21세기는 문화와 감동의 시대라고 하는데, 한국교회의 성장을 하나님은 기뻐하시지만 사단은 괴로워하는 것이다. 그래서 사단은 각종 오염된 문화들을 만들어 IT 정보망을 통하여 급속하게 퍼뜨리고 있다.

크리스천들은 이제 우리 사회의 지도층에 상당히 많이 포진하기 시작하였다. 하나님은 기뻐하시지만 또한 사단은 시기 질투하며 슬퍼하는 것이다. 그래서 사단은 세상 사람들을 통하여 계속해서 교회와 성도들의 작은 결점도 용납하지 않고 공격을 한다(그들은 더 엄청난 잘못을 저지르면서도…). 구약성경의 욥기서를 보면 영적인 세계에서 사단들이 하나님께 성도들을 참소讒訴하는 장면을 볼 수가 있다.

우리는 오감五感을 통한 감각적인 세계만을 보고 판단하여 불평하며 사는 어리석은 자가 되지 말고, 욥처럼 보이지 않는 영적인 세계를 보고 감사하며 기뻐하는 승리의 삶을 살아야 하는 것이다.

† 여호와께서 사단에게 이르시되 네가 내 종 욥을 유의하여 보았느냐 그와 같이 순전하고 정직하여 하나님을 경외하며 악에서 떠난 자가 세상에 없느니라 사단이 여호와께 대답하여 가로되 욥이 어찌 까닭 없이 하나님을 경외敬畏하리이까(욥기 1:8-9)

다음은 'ㄱ'자 예배당을 잘 보존하고 있는 정읍의 금산교회를 들리고자 한다.

금산교회 'ㄱ'자 예배당

## 2 머슴출신 총회장 이자익 목사와 'ㄱ'자 예배당 금산교회

전북 김제시 금산면 금산리 290-1
☎ 063-548-4055

† 하나님이 가라사대 저가 나를 사랑한즉 내가 저를 건지리라 저가 내 이름을 안즉 내가 저를 높이리라 저가 내게 간구하리니 내가 응답하리라 저의 환난 때에 내가 저와 함께하여 저를 건지고 영화롭게 하리라 (시편 91:14-15)

해외 선교사들이 조선에 들어와 처음 부딪힌 문제들

이 무엇이었을까?

아마도 처음 접하는 조선의 풍속과 문화 그리고 풍토병이 아니었을까? 특히 제사 문화와 삼강오륜三綱五倫 등의 수직적인 유교의 전통은 복음을 전파하는 데 큰 걸림돌이 되었을 것이며, 당시 예수를 믿는다는 것은 집안의 족보에서 제외되는 것을 의미하는 것이었다고 볼 수 있었다.

특히 교회 안에서 남녀가 같이 모여 예배를 드린다는 것이 용납되지 않았을 것이기에, 1885년 스크랜튼이 처음으로 교회 안에 남-녀석을 휘장으로 구분함으로써 사회적인 비난도 피하고 여성들이 교회에 오기 쉽게 할 수 있었다.

그러나 휘장으로 가리는 것에도 한계가 생기게 되자 남녀석을 구분하는 ㄱ자 예배당을 짓기 시작한 것이다.

### ㄱ자 예배당 이야기

당시의 ㄱ자 예배당 형태가 조선 전통 가옥 중에 휘어진 모양의 집인 고패집을 닮아 '고패집 예배당'이라고 부르기도 하였다.

평양의 장대현교회, 전주의 서문교회, 춘천 중앙교회, 서울 새문안교회, 서울 안동교회 등이 'ㄱ'자 예배당을 지었다고 하나, 지금은 전라도 지역의 두 군데에서만 볼 수가 있다.

오늘은 아름다운 전통의 'ㄱ'자 예배당을 잘 지키고 있는 두 교회를 찾고자 한다.

한반도의 백두대간에서 동서를 잇는 노령산맥 줄기에 아련히 숨어 있는 모악산에는 금산사라는 유명한 절이 있다. 그리고 부근에 1900년 초 강일순(姜一淳, 1871~1909)이 창건한 증산교의 성지가 있는데, 현재는 50여 개의 증산도 계열로 나뉘었다고 한다.

이 지역은 역사적으로 어려움이 많았던 곳이었기에 내세來世를 소망하는 종교가 환영을 받았던 것 같다. 금산사도 내세를 강조하는 독특한 미륵불교의 사찰이고 증산교의 출발도 그런 맥락에서 이해가 가능한 것이다.

이런 곳에 세워진 금산교회를 찾는 길은 정읍에서 가거나 김제에서 원평을 거쳐 가거나, 그도 아니면 전주에서 모악산을 넘어가는 길이 뚫려 있었다.

금산교회를 찾은 날은 바람까지 살랑살랑 불어 얼굴을 기분 좋게 애무하여 주는 듯했다.

이처럼 기독교의 전파가 어려운 곳에도 복음을 전한 해외 선교사가 있었는데, 그가 바로 1904년 미국의 남장로교회에서 파송한 테이트(L.B. Tate, 한국명 최의덕)였다.

그가 전도 여행 중 금산에서 이자익(李自益, 1882~1959)과 조덕삼을 만나 복음을 전한 것으로 금산교회의 역사는 출발을 한다.

당시 조덕삼은 포목점 주인으로 부자였으며, 이자익은 그 집에서 머슴으로 일을 하던 사람이었다. 나중에 머슴이던 이자익이 평양신학교를 나와 금산교회의 목사가 되는 평범치 않은 이야기를 금산교회는 간직하고 있다.

### 주인 조덕삼과 머슴 이자익의 아름다운 이야기

이자익은 1882년 경상남도 남해도의 가난한 농가에서 태어나 17세에 고향을 떠나 행상을 하다가 전북 김제 금산에서 포목점을 하는 거부巨富 조덕삼의 집에서 머슴살이를 하였다. 요즘으로 본다면 가출 소년이 떠돌다가 일자리를 구한 것과 비슷한 이야기인 것이다.

조덕삼과 머슴인 이자익은 금산교회에서 같이 신앙생활을 하던 중 1905년 10월 11일에 같이 세례를 받았으며, 1909년에는 금산교회에서 장로를 뽑을 때 주인을 제치고 이자익이 먼저 장로가 되었다고 한다.

그 후 조덕삼은 머슴인 이자익을 평양신학교로 유학을 보내 주었고, 1915년에 금산교회의 당회장으로 이자익을 초빙하여 깍듯이 모시는 신앙의 완숙함을 보여 주었다. 주인 조덕삼은 젊은 49세에 세상을 떠났지만 그의 신앙의 순수성은 지금도 우리에게 큰 귀감이 되고 있다.

금산교회의 역사는 오늘날 교회의 직분이 서열화되고 권위주의가 교회를 경직시키고 있는 대형화된 일부 교회들에게 미래를 위하여 돌아볼 만한 나침반이라는 생각을 한다.

조덕삼과 이자익은 1908년에 전주 이씨 집안의 사당을 뜯어다가 'ㄱ'자 예배당을 지었는데, 예배당은 100년의 세월이 지났지만 지금도 교육관으로 사용할 정도로 단단하게 지어진 건물이다.

ㄱ자 예배당의 규모는 27평으로 남녀가 따로 드나드는 문이 있으며 1930년대까지도 휘장을 쳐 놓았었다고 한다.

1908년에 건물을 지으면서 올렸던 천장의 상량문에도 남자석은 한문으로, 여자석은 한글로 영원한 하나님의 나라를 기리는 내용으로 되어 있다.

금산교회의 'ㄱ'자 예배당은 그 역사적 가치를 인정받아 1997년 7월 전북지방 문화재 136호로 지정되었으며 보호를 받고 있다.

금산교회는 100년째 신앙의 뿌리를 지켜 오고 있다. 조덕삼의 손자인 국회의원 출신의 조세형 장로가 금산교회를 3대째 섬기고 있다. 이자익 목사의 손자인 이규완 장로는 분자화학의 권위자로 중국의 연변과기대학교에서 교육과 선교활동을 하고 있다.

> †보라 내가 너희에게 비밀을 말하노니 우리가 다 잠잘 것이 아니요 마지막 나팔에 순식간에 홀연히 다 변화하리니 나팔 소리가 나매 죽은 자들이 썩지 아니할 것으로 다시 살고 우리도 변화하리라 이 썩을 것이 불가불 썩지 아니할 것을 입겠고 이 죽을 것이 죽지 아니함을 입으리로다(고린도전서 15:51-53)

다음은 또 하나의 'ㄱ'자 예배당인 익산의 두동교회를 찾고자 한다.

두동교회

# 3 부자富者 박재신과 'ㄱ'자 예배당, 두동교회

### 전북 익산시 성당면 두동면 두동리
### ☎ 063-862-0238

†네 하나님 여호와를 기억하라 그가 네게 재물 얻을 능을 주셨음이라 이같이 하심은 네 열조에게 맹세하신 언약을 오늘과 같이 이루려 하심이니라(신명기 8:18)

두동교회의 답사는 관광버스를 이용하여 한국기독교

연구소의 회원들 30명과 같이한 아주 유익한 체험여행으로 이루어졌다.

오전에는 전북 익산군 망성면에 있는 김대건(金大建, 1822~1846) 신부가 세운 나바위 성당을 답사한 후에 금강하구를 거쳐 'ㄱ자 예배당'을 보존하고 있는 두동교회로 향하였다.

안내를 맡은 감리교신학대 이덕주 교수의 두동교회 이야기는 너무나 생생하고 재미있어 감동의 연속이었다. 지금도 그분이 한국교회의 역사분야에서 참으로 귀한 분이라는 생각을 지울 수가 없다.

두동교회를 가려면 호남고속도로로 내려가다가 논산과 강경을 거쳐 임피방향으로 가거나, 익산시를 거쳐 황등과 함열을 거쳐 가는 길이 있다.

두동마을의 길목에는 작은 비석 하나가 오롯이 세워져 있는데, 거기에는 박재신이라는 분의 공적을 기리는 내용이 새겨져 있었다.

### 박재신과 해리슨은 어떤 사람인가?

공적비를 읽어 보니 당시 박재신은 삼천석지기의 부자로 동네에 좋은 일을 많이 한 사람이었으며 두동교회를 세운 사람이었다. 이곳에 두동교회가 세워진 사연을 따라가 보자!

이곳에 복음을 처음 전한 분은 해리슨William B. Harrison으로, 1896년에 한국에 와서 서울, 목포 등에서 활동하다가 1915년 이후 군산지역에서 활동을 하신 해외 선교사였다.

두동리 부근에 부곡교회가 세워졌을 때 박재신 집안의 여자들이 교회를 다니게 되었는데, 자손子孫이 귀한 집안의 부인 한재순이 임신하게 되자 박재신은 너무 좋아서 자신의 집 사랑채를 예배처소로 내놓았다고 한다.

이때가 1923년 5월 18일이며 두동교회는 부자 박재신의 덕에 급속하게 성장을 하게 된다. 그런데 박재신의 가정에 어떤 좋지 않은 일이 생겼는지 박재신이 다른 교회로 옮기게 되자, 두동교회 성도들은 1929년에 채소밭 100평에 'ㄱ'자 예배당을 짓게

두동교회 내부 모습

되었다.

　두동교회를 새로 지을 때 재미있는 일이 생겼는데, 그 해 여름에 큰 물난리가 나서 나무 실은 배가 군산 앞 바다에서 침몰하는 바람에 나무들이 인근의 성당포까지 밀려오게 된 일이었다.

　교인들이 이 나무들을 헐값에 사서 'ㄱ'자 예배당을 24평의 넓이로 짓게 되었다고 한다. 이것도 우연치고는 교회를 세우시려는 하나님의 섭리를 느끼게 하는 사건인 것이다.

　두동교회의 내부를 둘러보니 강대상 뒤에는 사람이 숨을 수 있는 공간이 뚜껑으로 덮여 있었다. 교회에서 독립운동에 관한 설교를 하는지 살피는 일본의 순사<u>巡査</u>가 올 것을 대비하는 공간이라고 하는데, 지금 생각하면 조금은 생뚱맞은 아이디어가 아닌가 한다. 그리고 교회의 ㄱ자로 꺾어진 마당의 모서리엔 아름드리 소나무 한 그루가 부챗살 모양으로 예배당 지붕을 덮고 있는데, 이 나무가 예배당을 처음 지을 때 인근의 산에서 옮겨다 심은 것이라 하니 교회와 나이가 같은 소나무가 분명한 것이다.

두동교회가 현재까지 'ㄱ자 예배당'을 어떻게 보존하고 있는 것일까? 다름이 아닌 당시 교회를 지었던 분들이 아직 살아 계시기 때문이라고 하니 사람도 일단은 오래 사는 것이 사명이라는 생각을 하게 된다.

두동교회 같은 역사적인 교회들을 잘 보존하여 후손에게 물려주는 것은 아주 중요한 문화선교라는 생각을 하며 두동교회를 떠났다.

# 3
# 인천지역 유적답사

1_인천 기독교 선교 100주년 기념탑
2_아펜젤러와 인천 내리교회
3_한국의 첫 초등학교, 영화학교
4_맹인의 세종대왕 송암 박두성 기념관

기독교 선교 100주년 기념탑

# 1 인천 기독교 선교 100주년 기념탑
### 인천광역시 중구 중앙동 1가 18

믿음으로 아브라함은 부르심을 받았을 때에 순종하여 장래 기업으로 받을 땅에 나갈쌔 갈 바를 알지 못하고 나갔으며 믿음으로 저가 외방에 있는 것 같이 약속하신 땅에 우거하여 동일한 약속을 유업으로 함께 받은 이삭과 야곱으로 더불어 장막에 거하였으니 이는 하나님의 경영하시고 지으실 터가 있는 성을 바랐음이니라(히브리서 11:8-10)

인천은 우리나라가 외국과의 상호작용interaction을 위해 일찍 개방된 도시이다. 그래서 인천 자유공원에는 '한미수호 100주년 기념탑'이 서 있고, 국제여객터미널에서 월미도로 가는 길가에는 '기독교 선교 100주년 기념탑'이 세워져 있는 것이다.

지금은 인천국제공항을 통하여 사람들이 드나들듯이 옛날엔 배를 타고 드나들던 곳이기에 인천을 제물포라고 불렀다. 제물포를 통하여 서양의 문물이 들어올 때 기독교 복음도 함께 전해지게 된 것이다.

우리나라에 미국교회의 선교단체에서 전략적으로 선교사를 파송한 1885년 4월 5일 부활절 날이 일반적으로 한국교회의 출발이라 이야기되고 있다.

이날 제물포(인천)에 처음 도착한 분들은 인도 선교를 꿈꾸던 언더우드, 일본 선교를 꿈꾸던 아펜젤러 부부 세 사람이었다.

하나님의 섭리는 이들의 선교 방향을 바꾸었으며 아무도 이들이 한국의 기독교 역사를 새롭게 쓸 것이라고는 상상하지 못하였던 것이다. 그들의 도착은 4월 5일 오후 3시경, 환영하는 사람 한 명 없이 비가 보슬보슬 내리는 가운데 쓸쓸하게 이루어졌다.

미국 북감리교회 아펜젤러(Henry Gerhart Appenzeller, 1858~1902) 부부와 북장로교회 언더우드(Horace Grant Underwood, 1859~1916)에 의한 조선 선교는 이렇게 제물포 부둣가에서 출발을 한 것이었다.

그들이 제물포항에 내리면서 드린 기도문을 읽어 보자!

"오늘 사망의 빗장을 부수시고 부활하신 주님께 간구하오니 어둠 속에서 억압을 받고 있는 조선 백성들에게 밝은 빛과 자유를 허락하여 주옵소서!"

당시 조선은 현재의 아프리카 오지와 같은 미지의 나라였기에, 이들은 조선에 와서 무엇을 어떻게 해야 할지 모르는 상황이었을 텐데도 하나님이 자신들을 이곳에 보내셨다는 아브라함의 믿음을 보여 주는 기도를 한 것이었다.

수도권 전철 1호선을 타고 인천역에 내리면 많은 사람들이 월미도의 유원지를 향하는데, 주님의 은혜를 먼저 받은 우리는 5분 거리에 있는 '기독교 선교 100주년 기념탑'에 들러 하나님의 섭리와 은혜를 깨닫는 시간을 가져야 하지 않겠는가?

기념탑이 세워진 자리는 옛날에 항구였던 자리였지만 현재는 육지가 되어 있다. 기념탑은 1986년 기독교 선교 100주년을 맞이하여 세운 조형물로서 약 50평의 부지에 17m의 높이의 탑과 세 사람의 청동상, 그리고 6면의 부조와 원형계단으로 구성돼 있다.

당시 조선은 1882년 한-미수호통상조약이 체결되면서 서서히 문호를 개방하였는데, 이들은 일본에 머물다가 갑신정변의 실패로 일본에 망명 중이던 김옥균 등을 통해 한국 실정을 파악하여 입국의 기회를 잡았다.

아펜젤러는 갓 결혼한 27세의 새신랑으로, 한국에 오기 2년 전 미국의 하트포트에서 열린 '전국 신학교연맹집회'에서 언더우드를 만나 한국에 선교사로 가기로 결심을 하게 된 것이었다. 두 사람의 각별한 친분은 후일 한국에서 미국 장로교와 감리교가 선교구역을 분할할 때 큰 마찰이 없이 진행되는 계기가 되었다.

'선교 100주년 기념탑'에서 가까운 거리에 아펜젤러가 1885년 7월 19일에 세운 내리교회가 있어 찾고자 한다. 아펜젤러와 언더우드의 미션 로드에 펼쳐진 역사를 오늘의 삶에 연결을 한다면, 우리의 미래는 놀라운 하나님의 영적인 은혜를 받게 될 것이다.

필자는 지난 10여 년 간 〈한국 기독교 유적답사기〉를 쓰면서 살아 움직이는 과거들을 모아 강화도에 '한국교회의 첫 순교자 토머스 기념관'을 지으려고 기도로 준비 중이다.

† 믿음은 바라는 것들의 실상이요 보지 못하는 것들의 증거니 (히브리서 11:1)

인천지방의 교회 중 아펜젤러에 의해 처음 세워진 근처의 내리교회를 향해 발걸음을 돌렸다.

내리교회

## 2 아펜젤러와 인천 내리교회

인천시 중구 내동 29 ☎ 032-762-7771
www.naeri.org

†내가 진실로 진실로 너희에게 이르노니 내 말을 듣고 또 나 보내신 이를 믿는 자는 영생을 얻었고 심판에 이르지 아니하나니 사망에서 생명으로 옮겼느니라 진실로 진실로 너희에게 이르노니 죽은 자들이 하나님의 아들의 음성을 들을 때가 오나니 곧 이때라 듣는 자는 살아나리라(요한복음 5:24-25)

내리교회의 뜰에 있는 한국 선교 120주년 기념비

　제물포항에 3명의 해외 선교사가 처음 도착한 1885년은 김옥균의 갑신정변이 실패로 막을 내린 지 4개월이 지난 때라 정세가 매우 불안하였다. 특히 외국인 여성의 입국은 매우 위험하였으므로 아펜젤러 부부는 1주일을 기다리다가 일본으로 건너가 6월 20일에 재입항을 하였다. 그러나 언더우드는 총각의 몸이었기에 서울로 와서 알렌이 세운 광혜원에 머물며 선교를 준비하게 된다.

　제물포에 재입항한 아펜젤러 부부는 서울로 진입을 하지 못하고 인천 내리에 초가집을 빌려 38일 간 머무르며 한국어를 배우고 한국 선교를 구상하였다.

　아펜젤러 부부가 서울로 들어가기 전인 7월 19일까지 인천에 뿌려진 복음의 씨앗은, 감리교 첫 교회인 내리교회 그리고 한국의 첫 초등학교인 영화학교 설립 등의 열매로 성장을 하게 된 것이다.

### 제물포에 처음 세워진 교회는?

　인천의 첫 교회는 1885년 7월 19일(고종 22년) 아펜젤러에 의하여 세워진 제물포교회이다. 아펜젤러는 제물포교회 외에 서울의 정동제일교회와 배재학당을 설립하여 한국에 근대교육을 도입하기도 하였다. 또한 고종과는 긴밀한 관계를 유지하였으며, 서재필의 독립협회의 활동에 적극적으로 지원을 하기도 하였다.

그는 한국에서 생활을 할 때 미국에서 지내던 생활 패턴을 유지하였는데, 아마도 기독교의 우월성을 보이는 것이 선교에 도움이 된다는 판단에 그렇게 한 것 같다. 그런 생활 때문에 그는 '귀족 선교사'라는 뒷말을 듣기도 하였으며, 1902년 6월 11일 성경 번역을 하려고 배를 타고 목포에 가던 중에 서해의 어청도 부근에서 일어난 배의 전복 사고로 목숨을 잃었다.

그의 딸(Alice)과 아들(Henry Dodge)도 한국 선교사로 파견되어 이화학당과 배재학당에서 교장으로 근무를 하였다.

내리교회에 가면 세 분의 동상과 만나게 되는데 정원에는 '하와이 이민 100주년 기념비'도 볼 수가 있다.

세 동상 중에 하나는 아펜젤러의 흉상이며 또 하나는 아펜젤러에 이어 부임한 존스(George Heber Jones, 1867~1910)인데, 내리교회 발전에 지대한 공로를 세우고 한국의 첫 초등학교인 영화학교 설립과 하와이로 향하는 한국인들의 첫 이민에 주도적인 역할을 하신 분이기도 하다.

## 존슨과 하와이 이민의 역사

조선 말기에 큰 가뭄과 흉년으로 농민 및 노동자들이 큰 고통을 겪을 때, 존스의 노력으로 많은 내리교회 교인들이 중심이 되어 하와이로 첫 이민을 떠나게 되었다. 1902년 12월 22일 제물포에서 102명이 첫 이민을 떠날 당시, 이민자 대부분이 내리교회의 성도들 이었다는 것을 보면 알 수가 있다.

내리교회의 뜰에는 '하와이 이민 100주년 기념비'가 세워져 있는데, 인천의 인하대학교도 사실은 하와이로 이민 가신 분들이 인천을 기억하고 보낸 헌금으로 출발한 대학이다.

인천과 하와이의 첫 자를 따서 만든 이름을 대학교에 붙인 것이다.

이들이 하와이에 정착을 하면서 사탕수수 농장의 고된 생활을 기도로 이긴 전통은,

내리교회의 뜰에는 하와이 이민을 기념하는 조형물이 세워져 있다.

오늘날 한국인들이 이민을 가는 곳마다 한인 교회를 세우고 교회를 중심으로 힘든 이민 생활을 이겨내는 모습으로 이어지고 있는 것이다.

국내에서 적당히 신앙생활을 하다가 해외로 이민을 와서 신앙이 좋아진 사람들을 가리켜 '당신은 혹시 태평양 신학을 하지 않았소' 라고 하는 농담이 있다고 한다. 비행기를 타고 태평양을 건너와 보니 자신이 그 동안 의지하던 모든 것은 무너져 버렸고, 그 아픔에 새벽 기도부터 시작한 사람들이 많다는 이야기인 것이다.

존스 목사의 동상 옆에는 한국 최초의 목사인 김기범(金基範, 1869~1920)의 흉상도 세워져 있다. 김기범은 1901년 5월에 서울의 상동교회에서 김창식과 함께 한국 최초로 목사 안수를 받았으며, 내리교회를 맡은 후

내리교회에 세워진 아펜젤러, 존스, 김기범의 흉상

에는 영화학교의 인가를 받았으며 1904년에는 벽돌로 된 교사校舍를 건축하기도 하였다.

1905년 일본에 의하여 강제로 을사보호조약이 체결되었을 때, 내리교회의 청년회가 일어나 항일운동을 일으키기도 하였다.

특히 김기범은 당시 해외 선교사들이 한국인과 언어의 소통에 어려움을 크게 느낄 때 탁월한 언변과 학식으로 도움을 주었고, 또한 성실한 삶으로 존경을 받은 분으로 전해지고 있다.

근래 내리교회의 김흥규 목사는 내리교회의 역사복원에 힘을 기울이고 있는데, 2008년 부활절 날 아펜젤러와 언더우드의 제물포 도착을 기념하는 '제1회 선교문화축제'를 열어 두 사람의 입항의 모습을 재현하는 등 다양한 축제를 가졌다.

다음은 내리교회에서 설립한 한국의 첫 초등학교인 영화학교를 들리고자 한다.

영화학교 본관

## 3 한국의 첫 초등학교, 영화학교

인천시 동구 창영동 36 ☎ 032-764-5131
www.younghwa.es.kr

† 혹은 병거, 혹은 말을 의지하나 우리는 여호와
우리 하나님의 이름을 자랑하리로다(시편 20:7)

『바울의 회심』이라는 책을 쓴 옥스퍼드 대학 출신인 니텔톤의 이야기는 우리에게 큰 깨달음을 준다. 이 사람은 '예수라는 미신에게서 이 세계를 구하겠다', '과학의 발달을 저해하는 예수라는 미신을 없애는 데 내

인생을 바칠 것이다'라고 결심했다고 한다. 그는 기독교는 원래 우상 종교인데 바울이 그 종교를 현대화시키고 이 시대에 맞도록 발전시켰기 때문에 사도 바울의 허구성虛構性만 밝히면 기독교는 사라지게 될 것으로 생각한 것이다.

그가 3년 간 바울의 미션 로드를 추적하고 돌아오자, 친구들이 그에게 다음과 같이 물었다.

"자네가 3년 간 연구한 결론이 무엇인가?"

그러자 그는 한참 생각하다가 신음하듯이 "내가 3년 간 그분의 발자취를 더듬고 문헌文獻을 뒤적거리고, 고고학적 자료를 다 맞추어 본 결론은, 한 사람이 살아 계신 부활의 주님을 만나지 않고는 그런 여행을 할 수가 없다"고 말하였다.

니텔톤은 "다메섹거리에서 바울이 만난 그 주님은 살아 계신 메시아다!"라고 고백하면서 『바울의 회심』이라는 위대한 책을 쓴 것이다.

"주님은 하나님의 아들이시며 십자가에서 우리의 죄를 속죄하시려고 죽으시고 부활하셨다!" 이 고백이 우리 믿음의 확실한 토대가 되어야 하는 것이다.

주님은 신앙 선배들과 함께 일하셨고, 지금은 성령으로 나와 같이 일을 하고 계신 것이다. 그러므로 부활하신 주님의 손길인 기독교 유적을 잘 보존하여 후손들에게 물려주어야 하는 것이다. 우리의 신앙이 강한 역사의식을 가질 때 예수 그리스도의 나라를 이 땅에 세워 나가게 되는 것이다.

인천 영화학교는 1892년 4월 30일 존스(G.H. Jones, 1867~1910)의 부인에 의해 시작된 한국 최초의 초등학교인데, 오랫동안 발전의 뒤안길에서 헤매다가 1996년부터 내리교회의 지원으로 옛날의 명성이 회복되고 있다.

### 존스 선교사는 누구인가?

영화학교 설립자인 존스는 한국에 파견되었던 해외 선교사 중 최연소로, 25세인 1890년 9월 4일 제물포에 도착한 후에 아펜젤러의 배재학당과 스크랜튼의 이화학당에서 교육을 하면서 경영에 대해 관심을 갖기도 하였다.

크리스천 작가인 영화학교 오인숙 교장과 함께.

    1892년 1월 30일 제물포교회의 담임으로 부임한 존스 부부는 17년 간 이곳에서 교육과 전도 사역에 헌신을 하였다. 특히 존스는 한국적인 문화와 풍속 등을 잘 이해하여 훌륭한 목회를 한 분으로, 1900년에 순한글로 된 최초의 신학잡지인 『신학월보』를 발간하여 큰 영향을 끼치기도 하였다.

    존스 부인은 교육의 혜택을 거의 받지 못하는 한국 여성의 현실을 가슴 아프게 여겨 학당을 세우고 여성들에게도 신교육을 실시하였다. 학생들을 공개 모집했으나 당시 여성들이 학교에 다닌다는 것이 용납되지 않던 시절이라 강재형 전도사의 딸 혼자만이 등록을 하였다. 이렇게 1892년 4월 30일 한 명의 여학생으로 시작한 것이 영화학교의 출발이 된 것이다.

    1902년에는 싸리재에 86m²(26평)의 건물을 지었으며, 현재 인천시 창영동(쇠뿔고개)에 남아 있는 붉은 벽돌의 건물은 1910년 3월 20일에 지은 '존스 기념관'으로 인천광역시 유형문화재 제39호로 지정되어 있다. 근래 퇴락의 길을 걷던 학교는 1996년에 내리교회에서 학교 살리기 운동에 나서 기도와 경제적인 후원을 통해 활기를 회복하고 있다.

    영화초등학교 정원에는 "하나님이 세상을 이처럼 사랑하사 독생자를 주셨으니 이는 저를 믿는 자마다 멸망치 않고 영생을 얻게 하려 하심이니라"(요한복음 3:16)라

영화학교 부근에 있는 감리교여선교사 사택은 아름다운 건물로 보존이 아주 잘 되어 있다.

는 말씀을 적어 세워 놓았다.

영화학교에 들러 2007년에 교장으로 부임한 크리스천 작가 오인숙 교장을 오랜만에 만나 영화학교의 재건을 위한 다양한 의견을 나누었다. 영화학교에서 나와 가까운 언덕 위에 있는 북유럽 르네상스식 건물을 찾아가 보았다.

### 잘 보존된 고풍스런 감리교여선교사 사택

영화학교 인근 언덕에 고풍스런 서양식 건물 한 채가 남아 있는데, 이 건물은 1893년 존스 선교사가 선교기지로 삼기 위하여 지은 남녀 선교사 사택 중 여선교사 사택(인천광역시 동구 창영동 42-3)이다.

사택은 469㎡(142평)의 붉은 벽돌 건물로 지상 2층, 지하 1층의 북유럽 르네상스 양식의 구조인데, 앙증맞은 파란 양철지붕과 오르락내리락하는 창문은 동화 속의 건물과 같은 비슷한 분위기를 보여 주고 있다.

5개의 방과 당시에는 보기 힘든 보일러 시설을 지하에 갖춘 감리교여선교사 사택은 인천광역시 유형문화재 제18호로 지정, 보호받고 있다. 정성껏 지은 여선교사 사택은 현재 남아 있는 한국 기독교 유적 중에서도 상당히 보존상태가 좋은 건물이고,

정원의 꽃들과 어울려 한층 고전적인 향기를 풍기는 건물이다.

다음은 인천시각장애인복지관에 있는 송암 박두성 기념관을 찾고자 한다.

송암松庵 박두성(朴斗星, 1888~1963)은 교동읍교회 출신으로 점자를 만들어 20만 시각 장애인들의 눈을 열어 준 분이다. 그리고 1936년부터 4년 간 인천 영화학교 교장으로 근무도 하셨다.

† 내가 소경을 그들의 알지 못하는 길로 이끌며 그들의 알지 못하는 첩경으로 인도하며 흑암으로 그 앞에 광명이 되게 하며 굽은 데를 곧게 할 것이라 내가 이 일을 행하여 그들을 버리지 아니하리니 (이사야 42:16)

박두성 기념관

##  맹인의 세종대왕 송암 박두성 기념관

인천광역시 남구 학익동 709-1
☎ 032-876-3500 www.ibu.or.kr

†예수께서 길 가실 때에 날 때부터 소경된 사람을 보신지라 제자들이 물어 가로되 랍비여 이 사람이 소경으로 난 것이 뉘 죄로 인함이오니이까 자기오니이까 그 부모오니이까 예수께서 대답하시되 이 사람이나 그 부모가 죄를 범한 것이 아니라 그에게서 하나님의 하시는 일을 나타내고자 하심이니라(요한복음 9:1-3)

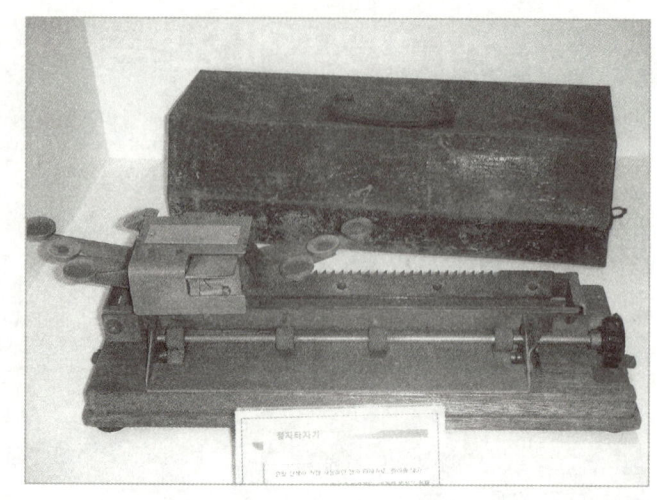

박두성 선생이 사용하던 타자기

　강화군 교동면 상용리의 작은 섬 교동은 맹인盲人들이 글을 읽을 수 있도록 점자, 즉 훈맹정음을 만드신 송암松庵 박두성(朴斗星, 1888~1963) 선생이 태어난 곳이다.
　박두성은 1899년 이동휘가 강화도에 세운 보창학교를 졸업하고 1901년에 강화읍 교회의 권신일 목사에게 세례를 받았다. 그리고 1906년에 한성사범학교를 졸업하시고 총독부의 제생원 맹아부(현재의 서울 맹아학교) 교사가 되어 맹인교육을 담당하였다.
　3·1 운동 후부터 한글점자연구에 매진하여 1926년 11월 4일에 한글점자를 완성하였고 이를 훈맹정음訓盲正音이라는 이름으로 반포하였다. '육화사六花社' 라는 출판사도 만들어 우리나라의 고전과 역사, 그리고 성경과 찬송가를 점자로 번역하셨다.
　1948년에는 신약성경을, 1957년에 구약성경을 점자로 번역하여 완성을 하였다.
　송암은 점자를 번역하실 때 강렬한 광선을 쪼여 가며 아연판에 점을 찍는 힘든 작업을 하다가 말년末年에는 실명失明하셨다.
　인천시에서는 1999년 남구 학익동에 맹인복지관을 세우면서 1층에 '송암기념관'을 마련하고 흉상과 유품들을 전시하여 송암의 업적을 기리고 있는데, 그중에서도 특히 송암이 직접 사용하시던 타자기와 저서들이 눈에 띄었다.
　매년 송암의 생일인 4월 26일을 기하여 전국에서 1,000여 명의 맹인들이 송암의 생가가 있는 상용리에 모여 잔치를 벌인다.

『심청전』에 보면 심청이가 왕비가 된 후에 아버지를 찾으려고 전국의 맹인들을 모아 잔치를 벌이는 이야기가 있다. 잔치에 참석한 심 봉사가 살아 있는 심청이를 만나 너무 놀라 눈을 떠 버린다는 다소 황당한 이야기지만, 송암을 기리는 잔치에 온 맹인 중에 예수님을 만나고 영안靈眼이 열려 점자 성경을 읽으면서 천국을 소망하는 분들이 많이 생기기를 기도드린다.

눈을 뜨고 살다가 지옥을 가는 사람과 맹인으로 살지만 천국을 갈 사람, 둘 중 누가 더 복 받은 사람일까? 이런 생각을 하면서 강화도와 인근 서해 섬지역의 기독교 역사 현장으로 발길을 돌렸다.

# 4
# 강화도와 서해 섬지역 유적답사

1_성공회 강화읍성당
2_인천 내리교회의 존스G. H. Jones 목사와 강화도 첫 교산교회
3_전도열정이 넘치던 홍의교회
4_강화도의 예루살렘, 강화중앙교회
5_달우물동네에 복원된 교동교회
6_기독교 토착화의 역사, 주문도 서도중앙교회
7_자생적으로 생긴 교회공동체, 백령도 중화동교회

강화읍성당

# 1 성공회 강화읍성당
인천 강화군 강화읍 갑곶리 ☎ 032-933-2282

†나는 하늘로서 내려온 산 떡이니 사람이 이 떡을 먹으면 영생하리라 나의 줄 떡은 곧 세상의 생명을 위한 내 살이로라 하시니라(요한복음 6:51)

강화도江華島는 한강의 하구河口에 위치한 우리나라 5번째 넓이의 섬으로 곳곳에 청동기 시대의 고인돌들이 분포되어 오래 전부터 사람들이 살았던 곳임을 보여 주고 있다. 이 지역은 각종 역사적인 유적들이 많아 '역사의 축소판'이나 '지붕 없는 박물관'이라고 부르기도 한다.

강화대교를 건너 바로 왼편에 있는 강화역사관에 들렀다가 해안도로를 따라가면 곳곳에 외국 함대들과 치열한 격전을 벌였던 돈대墩臺들을 볼 수가 있다.

돈대는 성벽 위에 쌓은 망루로서 강화도에 크고 작은 돈대가 53개나 남아 있다.

강화도는 기독교 역사에서도 중요한 지역인데, 기독교가 한국에 들어와 토착화하는 과정에서 중요한 역할을 담당한 곳이기도 하다.

강화도는 현재 다리가 놓여져 편하게 건너 다니게 되었지만, 배가 중요한 교통수단이던 조선시대만 하더라도 한강을 거슬러 한양으로 들어가는 초입에 위치한 섬이기에 다양한 역사적인 사건들이 유난히 많이 일어났던 곳이다.

지금부터 강화도 지역의 중요한 기독교 관련 유적들을 찾아보자!

### 강화도의 첫 교회는?

강화도의 첫 교회는 1893년에 세워진 교산교회인데, 강화도에서도 오지奧地인 양사면에 위치해 있지만 강화도와 인근의 섬에 교회를 세워 나가는 모판의 역할을 한 곳이다. 교산교회에 가기 전에 꼭 들러 볼 만한 곳이 바로 성공회 강화읍성당이다.

강화대교를 지나 강화읍에 이르면 우측으로 성공회 강화성당의 간판이 나타나는데, 부근의 공원을 통하여 강화성당에 이르면 잘 관리된 아름다운 한국 전통양식의 교회 건축물을 만나게 된다.

이 성당 건물은 1900년 11월 15일에 건립이 되었는데, 국내에서 가장 오래된 불당식佛堂式 교회 건물로 역사적인 의미가 커서 2001년 1월 4일 국가 사적史蹟 제424호로 지정, 보호하고 있다.

건물의 내부는 서양의 성당 구조인 바실리카Basilica 양식을, 외부는 전체적으로 배船 모양으로 불교사찰 양식을 따랐으며 건물의 목재는 백두산에서 적송赤松을 구하여 뗏목으로 강화도까지 운반하여 지었다고 한다.

강화읍성당의 입구는 절에 온 느낌을 갖게 한다.

그 밖의 돌과 기와는 강화도 것을 사용했는데, 당시 경복궁을 지은 최고의 목수가 지었다는 건물은 구조와 형태가 아주 아름답다.

강화읍성당의 외부는 절의 모습을 하고 있는데, 십자가도 연꽃 무늬를 변형시켜 그렸고 지붕에도 동물의 머리 형태를 조각하여 올려 놓았다. 입구의 종각과 종도 절에 있는 모양과 아주 흡사하다.

1889년 영국성공회가 한국 선교를 결정하고 선교사들을 파송하면서, 한국의 전통적인 불교문화 속에서 성공회의 토착화를 위하여 전략적으로 이와 같은 성당을 지은 것이다.

강화읍성당을 세운 사람은 대한성공회의 초대 주교인 코프(C.J. Corfd, 1843~1921)와 트롤로프(M.N.

서울 서현교회 중고등부 학생들과 강화읍성당에서.

Trollope, 1862~1930) 선교사이다.

트롤로프는 1891년 3월에 한국에 왔으며, 강화와 서울을 오가며 한글 성경을 번역하여 발췌성경인 조만민광照萬民光을 발행하였다. 그리고 1900년에는 강화읍성당을 건축하고 1926년에는 서울의 정동에 웅장한 대성당을 세웠는데, 그의 유해遺骸는 이 성당의 지하 묘실에 안장되어 있다.

강화읍성당은 우리에게 복음의 핵심인 예수 그리스도의 십자가의 구원과 성경말씀은 믿음으로 굳게 지키되, 복음을 전파하기 위한 수단인 문화의 형태는 다양성을 갖는 것이 중요하다는 것을 보여 주고 있다. 이런 역사로 인하여 강화도에는 성공회 성당들이 다른 지역보다 유난히 많이 세워져 있다.

근래 교회학교 학생들이 강화도의 역사현장으로 수련회를 다녀오는 경우가 많아지고 있다.

며칠 전은 서울 서현교회 중고등부 58명과 함께 강화지역의 기독교 유적지를 돌아보았다.

강화읍성당을 나와서 48번 국도를 따라가면 강화읍성의 서문西門에 이르는데, 근처에 들릴 곳이 한 군데 있다. 그 곳은 '연무당 옛터'인데 바로 1876년 2월 일본과 맺은 불평등 조약인 강화도조약을 체결한 장소이다. 이 강화도조약을 시작으로 일본은

하점면 고인돌은 국내에서 가장 큰 규모이며 교과서에도 실려 있다.

조선을 침탈하려는 원대한 계획을 치밀하게 진행해 나간 것이었다. 이곳 강화도에서 결국 일제 침략의 36년 굴욕의 역사가 시작되었고, 그 역사는 오늘의 독도문제까지 이어지고 있는 것이다. '연무당 옛터'에 이런 비극의 역사를 기록으로 남기고 언젠가 연무당이 복원되기를 바라는 마음이다.

서문을 빠져 나와 조금 가면 우측에 '하점면 부근리 고인돌 유적지'(사적 제137호)가 나온다. 이 고인돌은 한국에 퍼져 있는 고인돌 중 가장 규모가 커서 교과서에 실리는 대표적인 고인돌이며 세계문화유산에 등재된 유적이다.

고인돌 유적에서 창후리 방향으로 조금 더 가면 우측으로 양사면이라는 안내판이 나오는데, 이곳에 강화 최초의 교회인 교산교회가 있다.

교산교회

## 2. 인천 내리교회의 존스G.H. Jones 목사와 강화도 첫 교산교회

인천 강화군 양사면 교산 1리 201
☎ 032-932-5518

† 주께서 가라사대 가라 이 사람은 내 이름을 이방인과 임금들과 이스라엘 자손들 앞에 전하기 위하여 택한 나의 그릇이라 그가 내 이름을 위하여 해를 얼마나 받아야 할 것을 내가 그에게 보이리라 하시니(사도행전 9:15-16)

교산교회는 강화읍에서 48번 국도를 따라 하점면을

거쳐 인화 방면으로 가다가 우측으로 갈라지는 철산리, 덕산리 방향으로 올라가야 갈 수 있다.

잠시 언덕길을 오르면 삼거리가 나오고, 왼편의 양사면 방향으로 약 3km 정도 들어가면 커다란 호수가 내려다보이는 언덕이 나오는데, 멀리 북녘 땅이 손에 잡힐 듯 가깝다.

이곳은 민간인 출입을 통제받는 곳이라 주민등록증을 맡기고 다녀와야 하는 불편이 따르는 곳이다. 얼마 전에는 인근에 평화전망대가 생겨 많은 사람들이 찾고 있다.

### 강화도의 구석인 양사면에 복음이 가장 먼저 들어온 이유는?

강화도 양사면 출신으로 인천에서 술집을 경영하던 이승환이라는 사람이 있었는데, 이승환이 내리교회(제물포교회)의 존스 목사에게 자신의 모친에게 세례를 베풀어 달라고 간청하여 존스G.H. Jones 목사가 이곳을 방문하게 되었다.

존스 목사는 이승환과 같이 배를 타고 양사면에 도착하여 그의 모친에게 배에서 세례를 베풀었다. 그 후 이승환의 가정에서 예배를 드린 것이 교회의 출발이 되었으며, 강화지역에 교회를 설립하려고 시도하던 존스 선교사는 이곳이야말로 강화도 선교의 거점據點이라는 생각으로 이명숙李明淑을 전도인으로 파송하였다. 그리고 존스가 1894년에 양사면 교항리에 초가 12칸을 구입하여 교항교회를 세우게 된 것이다.

교항교회의 발전에 결정적인 역할을 한 사람인 김상임金商壬은 과거에 급제한 양반 출신으로 개종改宗하여 강화지역의 복음화에 결정적인 역할을 하였다. 전도를 위해서는 예수를 믿는 사람이 잘되고 복 받는 것이 필요하다는 생각을 하게 된다.

김상임은 1894년 10월 존스 선교사에게 세례를 받고 믿음이 돈독하여지면서 1896년부터는 교항교회(교산교회)를 맡았다. 더 나아가 김상임은 1899년 존스가 인천에 한국 최초의 신학회를 개설하였을 때 신학과정의 이수자가 되기도 하였다.

강화도 지역에서 복음 전파의 선구자 역할을 한 김상임은 1902년 목사 안수 한 달을 앞두고 열병에 걸려 55세에 소천하였다. 현재 교산교회의 마당에 세워져 있는 기념비가 바로 김상임의 공적을 기리는 비이다.

하나님께서 술집을 운영하던 이승환과 양반 출신 김상임을 복음의 증인으로 같이 쓰신 것을 보면, 하나님은 신분과 출신을 초월하여 제자 삼으시는 증거를 이곳에서 찾을 수가 있는 것이다.

교산교회를 향한 여행은 우리의 한 손은 나를 위하여, 또 다른 한 손은 주님과 이웃을 위하여 사용해야 한다는 것을 깊이 깨달은 여정이었다. 그리고 강화군의 기독교인의 비율이 29.9%로 전국에서도 아주 높은 이유를 금번 여행에서 알게 되었다. "교회는 당신이 생각하는 것보다 크다"The church is bigger than you think라는 말을 묵상하면서 교산교회의 인근에 있는 홍의교회를 찾고자 한다.

홍의교회 모습

## 3 전도열정이 넘치던 홍의교회

인천시 강화군 송해면 상도리 943
☎ 032-934-4470

† 주 여호와의 신이 내게 임하셨으니 이는 여호와께서 내게 기름을 부으사 가난한 자에게 아름다운 소식을 전하게 하려 하심이라 나를 보내사 마음이 상한 자를 고치며 포로된 자에게 자유를, 갇힌 자에게 놓임을 전파하며(이사야 61:1)

필자가 강화도를 즐겨 찾는 이유는 고인돌을 비롯한

유적지뿐 아니라 100여 년 전 강화도에 교회가 세워지면서 주변으로 복음이 퍼져 나간 발자취, 그리고 사도행전의 역사를 살펴보기에 좋은 곳이기 때문이다.

예부터 소외된 섬 지역이었지만 강화도의 한 사람이 예수를 믿어 아브라함의 약속의 자녀가 되면 그 가문家門에 하나님의 복이 임한 증거를 확인하는 즐거움도 크다고 하겠다.

## 한 사람이 중요한 전도의 법칙

전재승의 『과학콘서트』라는 볼 만한 책이 있다. 이 책을 읽고서 참으로 한 사람의 중요성을 알게 되어 몇 자 적고자 한다. 복음을 전하기 위해서는 정보와 문화 그리고 과학도 잘 활용하는 전략이 필요하기 때문이다.

이 책에 의하면 서양에는 "여섯 다리만 건너면 지구 위에 사는 사람들은 모두 아는 사이"Six Degrees of Separartion라는 말이 있는데, 이 말의 의미는 복잡한 세상도 '작은 세상의 네트워크' Small world network로 볼 수가 있다는 것이다.

지구상의 60억 인구가 서로 잘 짜여진 인간관계를 맺고 살아가고 있는데, 주변 사람들과 연결된 네트워크Network 속에서 엉뚱한 곳으로 뻗은 한 개의 인간관계만 늘려가도 그때마다 다른 사람들에게 도달하는 데 걸리는 단계가 크게 감소한다는 이론이다.

엉뚱한 가지를 뻗은 하나의 인간관계가 거대한 사회에서 몇 단계 만에 누구에게든지 도달이 가능한 '작은 세상'으로 바뀌어 버리는 것이다.

'작은 세상 효과'는 인체의 뇌세포에서도 볼 수가 있는데, 뇌에서는 비슷한 작용을 하는 영역들의 세포들이 무리지어 모여 긴밀히 연결되어 있다.

곳곳에서 큰 가지들이 무작위로 뻗어 나가서 이로 인하여 뇌에서 불과 몇 개의 세포Neuron만 거치면 다른 영역의 뇌세포에 정보 전달이 효율적으로 일어나게 되는 것이다.

과거 미국과 한국 사이에 아무런 인적교류 관계가 없을 때 몇 명의 선교사들이 한국에 파송되어 복음을 전한 것이 먼 미국과 한국 사이를 '작은 세상'으로 바꾸어 버린 것이다.

한국교회에서 몇 사람의 선교사라도 먼 나라에 파송시키는 것은, 뇌세포에서 뻗어 나간 한 개의 세포처럼 '작은 세상 효과'를 일으켜서 그 나라에 급속하게 기독교 복음이 전해지는 결정적인 역할을 하는 것이다.

> † 그러므로 너희는 가서 모든 족속으로 제자를 삼아 아버지와 아들과 성령의 이름으로 세례를 주고 내가 너희에게 분부한 모든 것을 가르쳐 지키게 하라 볼찌어다 내가 세상 끝날까지 너희와 항상 함께 있으리라 하시니라(마태복음 28:19-20)

주님이 우리에게 "모여 지내지 말고 가라"고 하시는 것은 뻗어 나간 한 개의 세포가 되어 '작은 세상 효과'를 일으켜서 온 열방에게 복음을 전하라는 말씀인 것이다.

오늘은 강화군 송해면 상도리에 있는 홍의교회를 찾아보고 옛 성도들의 전도 열정을 돌아보고자 한다.

교산교회를 맡은 김상임과 그와 친했던 서당의 훈장인 박능일朴能一이 교산교회에서 은혜를 받고 2km 떨어진 홍의마을의 서당에서 학생 20명과 종순일, 권신일과 함께 1896년 홍의교회를 설립하니, 강화도의 두 번째 교회가 된 것이다.

홍의마을에 교회가 세워지면서 커다란 변화가 일어났는데, 그중 하나가 땅 부자인 종순일이 은혜를 받자마자 집에서 부리던 노비奴婢문서들을 모두 없애 종들을 해방시킨 일이다. 그때부터 홍의교회 성도들은 이름을 '일一자' 돌림으로 바꾸고, 검은 옷을 똑같이 입는 등 형제처럼 생활을 하였다.

박능일은 후에 강화읍에 잠두교회를 세우는데, 그것이 오늘의 강화중앙교회로 발전하게 된 것이다. 홍의교회의 첫 교인인 권신일은 박능일에 이어 홍의교회를 맡았으며, 후에 권신일에 이어 홍의교회를 맡았던 김경일 전도사의 묘지가 현재 홍의교회 뒤뜰에 남아 있다.

현재 이 묘지만이 홍의교회의 역사를 보여 주고 있어 안타까운 생각이다. 하루 속

홍의마을 뒷산에 있는 권신일 목사 가족묘지

히 홍의교회의 역사를 일목요연하게 정리한 역사관이 교회 안에 만들어지기를 바라는 마음이다.

몇 년 전 홍의교회를 들렀을 때 당시의 담임목사께서 홍의교회에는 역사관이 없다며 문을 닫고 들어가던 기억이 있다. 돌아서면서 혼자말로 "빌어먹을! 역사적인 교회를 맡은 분이 해도 너무 하는데!"라고 투덜거리던 기억이 난다.

필자를 화나게 하여 전국의 교회 유적지를 열심히 찾아 다니는 계기를 만들어 준 당시의 홍의교회 담임목사가 지금은 어디에 계신지는 모르지만, 다혈질적인 필자의 성격을 사용하시는 주님이 그분도 사용하신 것이라고 믿고 있다.

### 강화도 일대 섬 선교의 개척자 권신일 목사

홍의마을 주민들 중 한 분이 마을의 뒤편에 권신일 목사의 집안 묘지가 있다고 알려 주어 찾아보았다.

홍의마을 뒷산의 우거진 잡초 사이로 권신일 목사와 권혜일 목사 그리고 권세창 목사의 묘가 외롭게 잡초에 숨겨져 있었는데, 『강화 기독교 100년사』에 기록된 권신일과 권혜일이 부자간이라는 기술은 잘못된 것이고 사실은 조카 사이였다고 한다.

교동 및 섬 선교의 개척자 권신일 목사

권신일은 1866년 강화에서 출생하였으며, 1906년에 미국 감리교회 신학반 4년을 졸업하고 1907년 미 '감리교회선교연회'에서 안수를 받아 목사가 되었다.

권신일은 홍의교회 최초의 교인으로 당시 기독교를 핍박하던 주민들을 오히려 더 자주 찾아 다니며 보살피고 복음을 전하는 등 열성적으로 활동을 한 분이다.

조카인 권혜일은 교동섬과 인접한 송가섬(현재는 석모도에 편입된 삼산면)에서 복음을 전하여 5~6명의 성도들과 함께 권신일 목사를 도와 교동도에 교동읍교회를 세우는 데 기초를 마련한 분이다.

권신일 목사는 홍의교회의 박능일이 1899년 인천 제물포교회의 교사로 나간 후 홍의교회를 지키다가, 김경일에게 교회를 맡기고 교동도 및 서해의 섬 일대에 선교의 개척자로 자원하여 들어가게 되었다

섬 선교의 결단을 내리고 교동섬으로 들어갈 때, 아내 황브리스길라를 "우리가 하루 한끼만 먹어도 굶어 죽지 않을 것이니, 교동도에 교회를 개척하러 갑시다"라며 독려하였다는 일화가 전해지고 있다.

권신일이 가족들과 같이 교동으로 이사한 때는 1900년으로, 사랑방 형태의 교회공동체를 만들어 주변에 복음을 전하였는데 이것이 교동읍교회의 시작이 되었다.

교동의 보수적인 선비들이 관청의 힘을 빌려 권신일 가족을 추방하려고 시도하였지만, 오히려 당시의 군수 郡守가 도와줘서 수많은 사람들이 복음을 받아들이게 되었다고 한다. 선교는 우리의 일이 아니라 하나님의 일임에 틀림이 없는 것이다.

교동읍교회에서는 권신일과 권혜일에 의하여 방족신 가족, 황초신 가족 그리고 상용리의 박성대 가족이 교인이 되었다. 교동읍교회 성도들도 홍의교회 성도들이 이름을 '일' 자 돌림으로 바꾸었듯이 이름을 '신信' 자 돌림으로 바꾸어 신앙의 열성을 보여 주었다. 권신일은 교동도 부근의 주문도를 비롯한 많은 섬을 다니며 복음을 전하여 천여 명에 가까운 성도들을 얻은 성과를 거두셨다.

권 목사는 1908년부터는 부평읍교회(현 계산중앙교회)를 맡았으며, 1909년 9월부터는 미국 북장로교회에서 설립한 원주읍교회를 맡아 1912년 2월까지 2년 5개월 간 시무하였다.

1913년부터는 인천 계산중앙교회를 6년 간 맡았다가 1929년 12월 10일, 인천의 자택에서 별세하여 고향 홍의마을에 묻히셨다.

"우리가 신앙생활을 하면서 그 목적을 부富에 두기보다는 하나님의 영광과 이웃을 돕는 삶에 둘 때 오히려 하나님의 보상은 더 크다는 것이다."

분명히 축복과 기적은 다른 것이다.

기적은 하나님께 기도할 때 초자연적인 능력으로 나타나는 것이기에 우리가 고난 속에서도 기도하면 기적을 체험하게 된다.

축복은 하나님의 말씀대로 살 때 은혜로 얻어지는 것이다. 기적은 꼭 필요할 때 넘쳐흐르지 않게 임하며, 축복은 하나님의 말씀대로 살 때 넘쳐흐를 정도로 나타나는 것이다. 우리 크리스천들은 보이지 않는 천국을 자신의 삶을 통하여 세상에 보여 주어야 하는 사명자들이다. 그러므로 교회와 기독교인들이 신앙의 본질을 찾는 운동을 펼쳐야 하는 때인 것이다. 이런 신앙의 원리들을 역사 속에서 배우면서 강화중앙교회로 향하였다.

강화중앙교회

## ✟ 강화도의 예루살렘, 강화중앙교회

인천시 강화군 강화읍 신문리 549
☎ 032-934-9417 www.kjmch.co.kr

†남겨 두신 이 열국으로 이스라엘을 시험하사 여호와께서 모세로 그들의 열조에게 명하신 명령들을 청종하나 알고자 하셨더라(사사기 3:4)

강화읍이 눈 아래 내려다보이는 곳에 세워진 강화중앙교회는 새로운 도약의 시대를 맞이하고 있었다. 강화중앙교회는 1900년 9월 1일 세워진 교회로, 잠두鸞頭교

일제에 맞서다 순국한 세 분을 기리는 기념비

회 또는 강화읍교회라고 불리기도 하였다. 아마도 인근에서 양잠養蠶을 위하여 뽕나무를 많이 키워서 이러한 이름이 붙지 않았나 하는 생각을 하게 된다.

### 잠두교회가 세워진 사연

잠두교회는 1900년 9월 1일 홍의교회에 출석을 하던 주선일, 박성일, 허진일, 김봉일 등에 의하여 강화읍 천교하(川橋下, 강화읍 신문리)의 한 초가집에서 시작을 한 교회이다.

1901년에는 존스 선교사가 방문하여 신문리에 52칸 기와집과 16칸 초가집을 구입하였고, 그 곳으로 교회를 옮기게 되었다. 이때 미국의 찰스 오토Charles Otto가 상당한 금액을 보내 주기도 하였다. 덕분에 강화읍교회는 당시에 강화도에서 가장 큰 교회가 되었다.

박능일은 인천의 제물포교회에서 학생들을 가르치다가 강화읍교회 최초의 전도사로 부임을 하였다. 강화중앙교회는 박능일이 1903년에 병사病死를 한 후 김우제가 부임하여 발전시킨 곳으로, 일제시대 민족독립운동에 크게 기여를 한 곳이기도 하다.

일제의 한국군 해산에 맞선 의병운동으로 1907년 8월 21일 순국한 김동수, 김남 잠두의숙 자리에는 합일초등학교가 있다.

수, 김영구, 세 분을 기리는 기념비가 교회의 입구에 서 있어 우리에게 애국의 길을 가르치고 있다.

강화중앙교회는 1904년 월곶교회를 시작으로 26개 교회를 개척하였으며, 1901년 4월에 잠두의숙蠶頭義塾이라는 신교육기관을 세웠는데, 교회의 앞에 있는 합일초등학교의 자리에 있었다고 한다.

### 합일학교(잠두의숙)의 역사적인 의미는?

강화중앙교회 앞에는 합일초등학교가 있는데 현재는 공립학교가 되어 기독교 역사의 흔적을 볼 수가 없다. 합일학교는 1901년 4월 존스G.H. Jones와 강화읍교회 박능일이 협력하여 민족의 국권을 회복하기 위해 인재양성의 목적으로 잠두의숙이란 이름으로 세운 학교였다.

합일학교는 1905년 보통학교 4년제로 인가를 받았고, 1908년에는 잠두합일학교라는 이름이 붙게 된다.

강화교인들이 합일合一이라는 이름을 쓴 것은, 당시 강화교인들이 이름을 '일一자' 돌림으로 짓던 신앙에서 비롯된 것이다.

1919년 3·1운동 때는 교사 최상현이 주동하여 교사와 학생들이 만세시위를 벌이

합일초등학교 교정에 큰사람 교훈비가 서 있다.

기도 했으며, 1924년에는 수업연한 6년제의 보통학교로 총독부 인가를 받았고 그 해에 합일학교로 명칭이 바뀌었다.

'큰사람'이라는 교훈으로 많은 졸업생이 배출되었지만 학교에서 과거 역사의 흔적은 찾아볼 수 없고 정원에 세워진 '큰사람'이라는 교훈비만 운동장을 바라보고 있다. 모두 세월이 지나면 귀한 역사의 자료가 되지만 새로운 건설 앞에 역사의 눈물은 바람이 되어 사라져 버리고 만 것이다.

## 이동휘와 보창학교

지금은 없어져 자취를 찾기도 힘든 이동휘(李東輝, 1872~1935)가 세운 강화 보창학교도 우리가 꼭 기억해야 할 기독교 학교이다.

합일학교와 보창학교를 시작으로 하여 강화일대에 72개의 학교들이 세워지게 되었기 때문이다.

함경도 단천 사람인 이동휘는 1902년 참령(參領)이라는 직책으로 강화도의 친위대장으로 부임을 하였는데, 1903년부터 원산에서 시작한 성령부흥운동의 열기를 체험한 후, 고종(高宗)에게 사의를 표하고 강화도에서 지내게 된다.

그러던 때 이동휘는 김우제의 전도를 받아 기독교인이 되었는데, 그의 개종(改宗)은 강화도 지역에 놀라운 영향을 끼쳤으며, 그는 민족운동을 위하여 1904년에 보창학교를 설립하게 되었다.

이동휘의 노력으로 고종에게서 보창학교라는 이름을 하사下賜받았으며 매달 200량의 보조금도 받았다.

1905년에는 교사 5명, 학생수가 200여 명이나 되었는데, 이동휘는 강화지역을 다니며 "무너져 가는 조국을 일으키려면 예수를 믿으라! 예배당을 세워라! 자녀를 교육시켜라!"라고 역설하고 다녔다.

1907년에는 14개의 분교를 만들어 민족교육을 부흥시키셨다.

일제가 1907년에 보창학교를 접수하여 군의 작전본부로 사용하게 되면서 학교는 3년 만에 문을 닫게 되었다. 이동휘는 결국 1909년 항일투쟁으로 투옥되었다가 고향인 함경도 단천으로 이주를 하게 되었다. 그가 강화도에 머문 8년의 기간은 짧았으나 강화지역의 교회와 사회에 민족의식을 심어 주었던 그의 역할은 잊을 수가 없는 것이다.

보창학교의 옛 위치를 찾을 길이 없어 안타깝게 여기며, 교사校舍로 쓰이던 이아영 건물터를 찾아 이곳이 보창학교 자리임을 알리는 기념비라도 세워지기를 간절히 바라는 마음이다.

강화중앙교회는 홍의교회보다는 늦게 세워졌지만 교회 안에 역사관을 잘 만들어 선조들의 신앙과 열정을 오늘에 잘 전하고 있는 교회이다. 강화도의 농촌을 떠나며 쇠고기 수입문제로 시끄러운 현실과 관련하여 주님께 기도를 드렸다.

주님 우리 민족은 언제까지 이렇게 서로 갈등하며 살아야 하는가요?

"스스로 약한 자, 지혜가 없다고 하는 자들이 하나님의 능력을 전달하는 데 더욱 유능한 것이다." 유능이란 하나님의 힘으로 일하는 방법을 배우는 것이며, 순종을 잘하고 잘 도울 줄 아는 사람, 바로 팀플레이를 잘하는 사람이 유능한 사람이다. 한국교회와 학교가 이런 지도자를 키워야 한다고 믿는다.

KOREA! No Problem! Because with GOD! 주님 감사합니다!

다음으로는 전설 같은 이야기가 많은 강화도 앞바다의 교동교회에 가고자 한다.

교동교회의 모습

## 5 달우물동네에 복원된 교동교회

인천시 강화군 교동면 상용리 518
☎ 032-933-0453

† 너희가 그리스도께 속한 자면 곧 아브라함의
자손이요 약속대로 유업을 이을 자니라(갈라디아
서 3:29)

강화도의 북쪽의 포구인 창후리에서 배를 타면 교동
도라는 역사의 굴곡이 많은 섬에 갈 수가 있다. 이 섬은
조선시대 연산군(燕山君, 1476~1506)이 폐위를 당하고

건너와 생을 마감한 섬으로 북한 땅이 눈에 잡힐 듯 가까운 곳이다.

교동도는 조선시대에는 북한 땅을 비롯하여 강화도와 인천으로 사람과 물자가 드나드는 중요한 교통의 요지여서 많은 사람들이 살았으며 해군의 중요한 요충지였다.

옛날엔 배가 중요한 교통수단이었기에 교통의 요지로서 교동도에는 다른 지역보다 교회가 일찍 세워진 역사를 간직하고 있다.

교동도의 기독교 유적으로는 100여 년 전에 세워진 교동읍교회가 있는데, 현재는 터만 남아 있으며 교동도의 포구에서 가까운 달우물동네(상용리)의 나지막한 산밑에 1930년대에 복원된 교동교회가 자리를 지키고 있다.

교동도에 1899년 여름 강화 홍의교회 출신인 권신일, 권혜일이 사랑방 형태의 공동체 모임을 만들었으며, 1900년에는 읍내리에 교회를 세웠는데 재정적인 도움은 인천 내리교회의 '국내선교회'에서 맡았다.

읍내리에 있던 교동교회는 없어지고 현재는 상용리의 박성대와 박형남 부자가 땅을 기증하여 1933년에 복원한 건물만 남아 있다. 복원된 교회의 간판과 종탑은 개척 당시의 것이고 교회 안에 있는 교동섬에 한 대밖에 없던 오르간과 강대상 등이 교회의 긴 역사를 말해 주고 있다.

권신일의 영향을 받은 박성대 전도사는 교동교회에서 1918년부터 사역을 하다가 1934년에 아들 박형남과 같은 시기에 전염병에 걸려 세상을 떠났다.

박씨 집안의 박기만은 교동교회에 밭을 기증하였으며, 아들인 송암松菴 박두성(朴斗星, 1888~1963)은 '맹인의 세종대왕'이라는 칭송을 듣고 있다. 그는 일제시대에 한글 점자點字를 만들고 맹인교육을 위하여 전생애를 바친 분이다. 특히 근래 교동교회의 마당에서 발견된 온천수는 칼슘성분이 많은 온천수로서 아토피를 비롯한 많은 질병에 효력이 있어 전국에서 사람들이 찾고 있다.

교동교회를 세운 권신일 목사와 교동교회를 복원한 박성대 전도사 집안은 한국교회의 훌륭한 지도자들을 많이 배출한 명문 집안으로 알려져 있다. 앞으로 강화와 교동지역은 남한과 북한과의 상생의 길을 모색하는 과정에서 중요한 역할을 할 곳이다.

한강 하구인 이곳에 위치한 인천공항과 개성공단을 잇는 고속도로 개설과 조력발

박성대 전도사의 후손들이 복원한 교동교회를 지키고 있다.

전소 건설, 나들섬 프로젝트 등 주목할 만한 일들이 기대되는 곳이다.

교동도는 그 동안 사람들의 관심이 적은 접적지의 섬에 지나지 않았다. 필자의 애정 어린 글쓰기가 교동도와 교동교회의 역사에 풍요를 가져오기를 소망한다.

여행을 즐기는 사람들이 가장 추천을 하는 곳으로 스페인의 '알함브라 궁전'이 있다. 19세기 미국의 작가 워싱턴 어빙Washington Irving이 이곳에서 『알함브라의 이야기』를 집필하면서 망각과 폐허의 늪에서 허우적대던 궁전은 다시 세계에 알려지게 되어 수많은 관광객이 찾는 명소가 되었다.

앞으로 많은 청소년들이 문학에 힘을 기울여 교회의 역사를 크게 풍요롭게 하는 일을 하기를 소망하여 본다. 다음은 서해에 아름다운 교회를 보존하고 있다는 주문도를 가기 위하여 강화도의 외포리에서 배에 올랐다.

서도중앙교회

# 6 기독교 토착화의 역사, 주문도 서도중앙교회

인천시 강화군 주문도리 717 ☎ 032-932-7010

† 내가 아버지의 이름을 저희에게 알게 하였고 또 알게 하리니 이는 나를 사랑하신 사랑이 저희 안에 있고 나도 저희 안에 있게 하려 함이니이다(요한복음 17:26)

강화도 부근의 서해 섬들은 한강을 거쳐 한양으로 들어오는 교통의 요지여서 일찌감치 기독교 복음이 들어

온 곳이다. 강화도에서 뱃길로 두 시간 거리에 있는 주문도에도 1893년 복음이 들어 오고 1902년에 교회가 세워진 역사가 있어 오늘 찾고자 하는 것이다.

특히 주문도에는 1923년 여름에 세워진 아름다운 바실리카 양식의 교회당이 잘 보존되어 있어 지금까지도 많은 사람들이 찾고 있다.

날씨가 몹시 더웠던 광복절 날 아내가 모처럼의 유적답사에 따라 나섰다. 하도 혼자 잘 다니니까 어떻게 다니는지 궁금한 모양이었다. 아내도 나와 같이 유적답사를 취미로 삼는다면 답사가 외롭지도 않고 경비문제로 다투지도 않을 것 같아 기꺼운 마음으로 동행을 하였다.

주문도로 가기 위해서는 강화도의 외포리에서 페리선을 이용하면 되는데 비용은 좀 드는 편이다.

페리호가 약 2시간 동안 굴곡이 많은 서해를 빠져 나가는데, 먼발치에 보이는 북한 땅과 말도, 볼음도, 아차도와 주문도가 4형제처럼 나란히 누워 있는 모습이 아름다웠다.

시원한 바닷바람이 좋아 배에서 내리기가 싫었지만 결국 배에서 내려 자동차로 약 2km 달려 내려가니 146m 높이의 봉구산 자락 밑에 서도초등학교가 나타났다. 그리고 그 옆에 능소화가 피어 있는 서도중앙교회가 바다를 내려다보며 오랜 세월을 지키고 있었다.

서도중앙교회는 진촌교회라는 옛 간판을 달고 있는데, 90년 가까운 세월을 잘 견디는 것을 보니 참으로 잘 지은 건물임에 틀림이 없다. 교회가 진촌에 있다고 진촌교회 또는 주문교회라고도 불렸지만, 1979년부터는 서도중앙교회라고 부르고 있다.

강화읍성당처럼 2층 누각의 모양을 한 전형적인 바실리카 양식을 취하고 있는데, 내부에는 별다른 장식은 없고 12개의 기둥이 세워져 있으며, 천장의 대들보와 서까래가 흰 회벽으로 잘 조화를 이루고 있었다.

주문도에는 150여 가구가 살고 있는데, 거의 대부분이 교회에 다니고 있어 복음화율이 아주 높은 섬이라고 한다. 면소재지인 주문도에는 그 흔한 다방이나 여관, 술집 그리고 노래방 같은 오락시설이 없어 세상의 시각으로는 재미가 없는 섬이라고 할 수 있다.

주문도에 오면 반드시 민박을 해야 하는데, 주민들이 아주 친절하고 섬이 깨끗하여 다시 찾고 싶은 곳이다. 또한 무공해 쌀로 지은 밥맛이 일품이다. 필자는 이번 답사 기간 동안 5대째 진촌교회를 섬기는 박상인 장로댁에 머물면서 도움을 많이 받았다.

## 주문도 복음전파의 역사

1950년대에 기록된 〈진촌교회 연혁〉을 보면 1893년 왕대인과 갈대인이 주문도에 와서 복음을 전했다고 기록되어 있다. 왕대인은 강화성공회의 선교사인 워너L.O. Wrner이고 갈대인은 영국 해군인 콜웰Callwell 대위라는 기록이 남아 있다.

이 두 사람은 통역 겸 안내인으로 윤정일을 데리고 섬에 들어와 복음을 전했지만 그 당시에는 사람들이 복음을 받아들이지 않았다고 한다. 10년의 세월이 지난 1902년 5월에도 윤정일이 성공회 교인이 아닌 감리교 교인으로 섬에 들어와서 옹개지 나루에서 복음을 전했는데, 모두 미친 사람 취급을 했다고 한다.

여름 내내 전도한 결과 뱃일을 하는 김근영이 예수를 믿고 집안 대대로 내려오던 사당祠堂과 신주神主를 불태우는 기적이 나타났다. 미친 사람 취급을 받던 김근영이 3년 간 복음을 전하다가 1905년 2월에 정부로부터 진촌의 옛 군영지軍營地를 불하받아 영생학교를 만들어 신식교육을 실시하자, 그를 거부하던 주민의 인식이 달라지게 된 것이다. 그리고 진촌의 유력한 양반이었던 박승형과 박승태 형제가 김근영의 외로운 투쟁에 감동하여 가족과 함께 진촌교회에 나오게 되었다.

박승형(1837~1912)의 둘째 아들인 박순형은 지극한 효자로, 조정에게서 감역(정부의 건축공사를 감독하는 종9품 벼슬) 칭호를 부여받았는데, 이 집안도 교회에 나오기 시작을 한 것이었다. 박승형의 개종改宗으로 모든 식구가 교회에 나오게 되었고 어린이들은 영생학교를 다녔으며, 주일에 교회에 나가지 않는 사람은 혼이 났다고 한다.

교회가 생긴 지 10년 뒤인 1912년에는 주문도의 전체 181가구 중 136가구가 교회에 다니게 되었다고 하니, 정말 기적 같은 일이 일어난 것이었다.

## 진촌교회의 건축 이야기

작은 섬, 주문도에는 1923년 지어진 아주 아름다운 교회가 있는데, 건물의 모든 부분의 보존상태가 양호하여 지금도 교육관으로 사용하고 있다. 당시의 주문도 교인들이 1인당 1원씩 헌금을 하여 7,000원을 모아 정면 5칸, 측면 7칸으로 모두 27칸의 한옥식으로 교회를 지었다.

목재와 기와를 강화도에서 실어 왔는데, 옹개지 나루에서 이곳까지 자재를 나를 당시 길이 하도 험해서 짐을 나르던 황소 2마리가 지쳐 죽었다고 한다. 교인들은 이 교회를 소 두 마리를 제물삼아 지은 교회라고 전하고 있다.

진촌교회는 1921년에 '십일조회'를 조직하여, 박순병을 중심으로 소득의 십일조와 재산의 십일조를 헌납하여 교회를 짓는 데 필요한 땅을 충분히 제공하였다. 덕분에 옛 진촌교회의 건물을 없애지 않고도 새 교회당을 충분히 지을 수가 있었던 것이다.

## 예배당에 걸려 있는 편액

진촌교회의 오른편 천장에는 액자 모양의 편액(扁額: 건물 정면의 문과 처마 사이에 붙여서 건물에 관련된 사항을 알려 주기 위해 널빤지나 종이, 비단 등에 글과 그림을 그린 판)이 3점 걸려 있는 것을 볼 수 있다. 첫째 것은 국한문 혼용으로 된 것인데, 1926년 영생학교 교사이던 신원철이 지은 '영세 기념사'를 적은 편액으로 2,400원을 들여 영생학교 건물을 지었다는 내용을 적은 것이다.

두 번째 것은 1927년에서 윤성심 전도부인이 50원을 헌금하여 교회종을 마련한 내용을 김성대 목사가 쓴 기념사이다. 세 번째는 1993년 서도중앙교회 창립 100주년을 맞이하여 만든 1960년대 이곳에서 사역을 하시던 이기삼 목사의 기념사이다.

서도중앙교회의 천장에 있는 편액 모습

시골의 정자에나 있을 것 같은 편액을 교회 안에 걸어 놓아 멋있는 문화유산으로 보존하고 있는 것이다.

답사 이튿날 아침, 대빈창이라는 마을 옆의 조그만 해수욕장에 가서 수십 리나 펼쳐 있는 갯벌을 걸으며 아내와 즐거움을 나누었다. 이곳은 옛날에 군사용 양곡과 무기를 보관하던 창고가 있던 곳이라 하여 대빈창이라고 부른다.

옛날 주문도에 어떠한 이유로, 어떠한 용도의 커다란 창고들이 많이 세워져 있었을까?

지금은 교통이 불편한 낙도이지만 배가 주요한 교통수단일 때 이곳이 지방에서 한양으로 각종 공물들을 실은 배가 다니던 곳이었기 때문이라고 생각한다.

낙도인 주문도는 기독교 복음이 들어와 진촌교회와 영생학교가 세워짐으로써 기독교의 토착화 과정을 보여 주고 있는 곳이다. 하나님은 모든 종족이 자기들의 독특한 방식으로 사랑과 의義와 지혜의 예배를 하나님께 드리기를 간절히 바라신다. 이것이 토착 교회들을 설립하는 가장 좋은 근거가 되는 것이다.

그런 관점을 갖는다면 각 종족 집단이 지닌 독특한 경이로움을 더욱 북돋우고 동시에 모든 곳에 복음이 침투하도록 하는 일이 더 가치가 있는 일이 될 것이다. 그래서 선교에서는 지리학地理學이 더욱 중요한 학문이 되고 있는 것이다.

다음은 서해의 먼바다에 떠 있는 백령도의 중화동교회를 찾기로 하였다.

기독교의 복음 전파역사에서 특별한 의미가 있는 곳이 백령도이며 오래 전 역사관이 개관되어 많은 사람들이 찾고 있는 곳이기도 하다. 주문도에 같이 간 아내가 백령도도 같이 가자고 조른다. 아내도 나처럼 역사여행에 빠진 것 같아 기쁜 마음으로 인천의 연안부두로 향하였다.

중화동교회

# 7 자생적으로 생긴 교회공동체, 백령도 중화동교회

인천광역시 옹진군 백령면 연화 2리
☎ 032-836-0277 www.sdajunghwa.com

† 예수께서 나아와 일러 가라사대 하늘과 땅의 모든 권세를 내게 주셨으니 그러므로 너희는 가서 모든 족속으로 제자를 삼아 아버지와 아들과 성령의 이름으로 세례를 주고 내가 너희에게 분부한 모든 것을 가르쳐 지키게 하라 볼찌어다 내가 세상 끝날까지 너희와 항상 함께 있으리라 하시니라 (마태복음 28:18-20)

중화동교회 역사관과 전응류 목사

　인천연안부두에서 페리호를 탄 날은 유난히 바다가 잔잔하여 호수를 달리는 기분으로 4시간 만에 백령도에 도착했다. 부두에서 택시를 이용하여 달려가니 15년째 중화동교회를 맡고 계신 전응류 목사께서 반갑게 맞이해 주셨다. 전 목사는 중화동교회 출신으로 중화동교회에 역사관을 만드는 등 큰일을 하신 분이다.

　백령도는 인천에서 228.8km 떨어진 서해 최북단의 섬으로 우리나라에서는 8번째로 큰 섬이며, 약 3,000년 전인 신석기시대 말기부터 사람이 살았던 흔적들이 백령면 진촌리에 남아 있다.

　백령도는 4,300여 명의 주민이 농업과 어업 그리고 관광업에 종사하여 경제적으로 잘사는 섬이며, 12개의 교회(2개는 군인교회)가 있는데 주민 중 80% 정도가 기독교 신자라고 한다. 그래서 백령도에는 제사, 풍어제 같은 우상을 섬기는 풍속이 전혀 없다고 한다.

　이것은 하나님의 나라 the Kingdom of God는 하나님의 왕권, 하나님의 통치, 하나님의 권위가 인정되는 곳이라는 것을 보여 주는 것이다. 백령도 출신의 목회자도 약 90여 명이나 된다는 것은 이곳에 하나님의 나라가 이루어진 역사가 깊다는 것을 보여 주는 것이다.

　백령도는 서해북방한계선 NLL에 근접하여 있기에 북한과의 긴장관계가 지속되는

선교 100주년을 기념하여 세운 백령 기독교 역사관

곳이며 특히 매년 꽃게잡이 철이 되면 그 강도가 커진다. 그렇다면 백령도의 기독교 복음화율이 전국에서 가장 높은 이유가 무엇일까?

### 한국인이 개척한 중화동교회

백령도는 중국과 조선을 다니던 많은 배들이 꼭 통과를 해야 했던 섬이었기에, 독일 출신의 귀츨라프 선교사가 백령도에 성경을 남기고 간 때가 1832년 7월 17일이었다.

그 후에 영국인 토머스 선교사가 1865년 9월 13일에 백령도 서북단의 두문진 포구浦口에 도착하여, 인근 섬을 다니며 약 두 달 반 동안 성경을 나누어 주었으며 풍랑을 만나 다시 중국으로 돌아간 적도 있다.

그러나 백령도에 복음이 전해진 것은 1816년 영국의 해군 H. J. 클리포드와 바실 홀이 섬에 상륙한 때였다는 기록도 참고할 필요가 있다.

백령도에는 일찍 중화동교회가 세워졌는데, 이 교회는 해외 선교사에 의하여 설립된 교회가 아니고 백령도 주민들이 세운 자생적自生的인 교회이다. 때문에 황해도에 처음 세워졌던 소래교회와 더불어 한국교회의 역사에 중요한 가치가 있는 교회라고 보겠다.

중화동교회의 역사관 내부

중화동교회는 어떻게 세워졌을까?

1897년 공주 사람 김성진이라는 사람이 반역죄로 백령도에 유배流配되어 왔을 때 한문 성경을 들고 왔는데, 당상관 벼슬을 하던 허득의 집에서 같이 한문공부를 하는 중에 허득이 예수님을 영접하게 된 것이었다.

허득과 김성진은 소래교회가 세워졌다는 소식을 듣고 사람을 보내어 서경조를 초청, 1896년 8월 25일 허득의 서당에서 창립예배를 드렸다.

소래교회는 백령도에 사람을 다시 보내어 김성진과 허득에게 성경공부와 전도법, 예수 믿는 방법 등을 가르쳐 중화동교회가 자리를 잡도록 도움을 주었다.

중화동교회는 1899년에 소래교회를 짓다가 남은 자재들을 배로 실어다가 초가 6칸의 건물을 세웠으며, 현재 서 있는 교회는 5번째 개축을 한 건물이다.

소래교회와 중화동교회는 한국인에 의하여 자생적으로 생긴 교회로, 언더우드와 해외 선교사들이 둘러보고 한국인의 종교성과 열정에 감동을 받은 곳이다. 1900년 9월에는 언더우드가 중화동교회에서 허득을 비롯한 7명에게 세례를 주었으며, 첫 담임목사로 부임을 했다는 기록이 남아 있다.

중화동교회는 100여 년의 역사를 정리하여 '중화동교회 역사관'을 아주 아름답게 만들었는데, 마당에는 언더우드와 허득의 기념비 및 백령도 선교 100주년 기념비가 세워져 주님의 섭리를 오늘에 보여 주고 있었다.

중화동교회를 방문하고 남는 시간에 두문진 포구에서 유람선을 타고 백령도 바닷가를 돌아보았다. 깎아지른 절벽들이 연출하는 다양한 모습과 절벽에 붙어 사는 가마우지, 물 밖으로 머리를 내미는 물개 그 모두가 하나님의 창조 솜씨를 보여 주고 있었다.

백령도를 다녀오면서, 북한과의 관계가 개선되어 아름다운 환경을 세계인이 감동하는 관광자원으로 개발을 하였으면 좋겠다는 생각을 지울 수가 없었다.

동행한 아내는 백령도의 명물인 까나리 젓갈과 미역, 다시마, 그리고 백색 고구마를 언제 샀는지 한 아름 안고 따라오고 있었다. 역시 사람마다 보는 관점과 필요가 다르다는 생각을 하며 부두를 향하였다.

†이 율법책을 네 입에서 떠나지 말게 하며 주야로 그것을 묵상하여 그 가운데 기록한 대로 다 지켜 행하라 그리하면 네 길이 평탄하게 될 것이라 네가 형통하리라(여호수아 1:8)

# 5
# 서울지역 유적답사(1)

1_해외 선교사들의 안식처 외국인묘지
2_한국교회 역사의 원류源流, 서울 정동
3_캠벨Mrs. Josephine Campbell과 배화학교

외국인묘지

# 1 해외 선교사들의 안식처 외국인 묘지

서울시 마포구 합정동 144 ☎ 02-334-0348
한국 기독교 선교 100주년 기념교회:
www.100church.org

† 요한이 대답하여 가로되 만일 하늘에서 주신 바 아니면 사람이 아무것도 받을 수 없느니라 나의 말한 바 나는 그리스도가 아니요 그의 앞에 보내심을 받은 자라고 한 것을 증거할 자는 너희니라 신부를 취하는 자는 신랑이나 서서 신랑의 음성을 듣는 친구가 크게 기뻐하나니

나는 이러한 기쁨이 충만하였노라 그는 흥하여야 하겠고 나는 쇠하여야 하리
라 하니라(요한복음 3:27-30)

여행은 우리에게 통찰력insight을 갖게 해 준다. 왜 그럴까? 여행은 낯선 사람을 만나고 낯선 음식과 낯선 문화를 만나게 되기 때문이다.

통찰력通察力과 상상력이 우리의 미래를 만드는 것인데, 통찰력은 예리한 관찰력으로 사물을 꿰뚫어보는 것이다. 상상력은 내가 경험하지 않은 것에도 공감을 할 수 있게 하는 힘이 되는 것이다. 이렇게 중요한 통찰력과 상상력을 키우기 위해서는 성경과 인문학(역사, 문학, 철학)의 공부, 그리고 여행을 통한 낯설은 체험을 강조하고 싶다.

지금부터 시간과 공간의 세계를 넘어 상상의 날개를 펴고 여행을 떠나 보자.

한강의 남쪽에서 양화대교를 건너거나 당산철교를 건너 한강의 건너편에 이르면, 오른쪽에 돔형태의 아름다운 건축물이 깎아지른 절벽 위에 세워져 있는 것이 보인다.

절두산截頭山에 지은 천주교의 '양화진순교자기념관' 인데, 1866년 9명의 프랑스 신부와 8천여 명의 교인들이 순교를 당한 역사를 기념하는 곳이다.

절두산기념관 건너편에는 한국교회의 가장 중요한 역사의 현장이 있어 찾고자 한다. 마포의 합정동 로터리에서 안내판을 따라 약 5분 정도 가면 외국인묘지가 나타나는데, 100여 명의 선교사와 그 가족들이 묻혀 있는 곳으로 몇 년 전에 왔을 때와 달리 번듯하게 정비된 공원은 보기에도 정갈하였다.

특히 2008년 3월부터는 100주년 기념교회에서 묘원 내에 '양화진홀'(전화 02-332-4155)을 만들어 한국교회 초기의 선교사들의 행적과 활동을 담은 사진과 자료들을 전시하여 놓았다. 100주년 기념교회를 이끄는 이재철 목사의 역사의식과 사역에 감사한 마음을 갖고 둘러보았다.

### 서울의 중심부에 외국인묘지가 어떻게 세워졌을까?

외국인묘지가 처음 합정동에 조성되어 중요한 성지聖地가 된 것은 헤론 의료선교

외국인묘지 안에 언더우드 선교사 가족묘지가 있다.

사 때문이다.

헤론(J.W. Heron, 1856~1890)은 언더우드H.G. Underwood, 元杜尤보다 두 달 늦은 1885년 6월 21일 한국에 왔으며, 알렌이 세운 광혜원에서 일을 하신 분이다. 그는 1887년부터 병원을 맡아 일하면서 복음 전파와 성경 번역 등의 일을 하였는데, 무리한 선교 여행 중에 이질에 걸려서 1890년 7월에 별세하였다.

고종高宗은 안타까운 마음으로 해외 선교사 중에 첫 희생자가 된 헤론을 양화진에 안장女葬하도록 땅을 기증하였는데, 후에 외국인묘지로 조성되었다.

여기저기 서 있는 비문을 둘러보면 한국교회를 위하여 일하신 유명한 선교사들의 이름을 볼 수가 있다. 아펜젤러, 스크랜튼, 게일, 헐버트, 언더우드가家, 루비 켄드릭 등 예수님을 모르던 우리 민족에게 '하나님 나라'의 복음을 전하신 분들의 이름들이다. 이곳에 묻힌 분들의 헌신의 역사를 돌아볼 때, 우리도 오늘 복음을 들고 세계를 향하여 나가야 하는 당위성을 알 수 있게 되는 것이다.

'기도'와 '역사歷史'는 하나님 나라의 전파에 대한 소명을 일으키는 일을 하는데, 역사가 기도와 문학을 만나면 힘을 갖고 움직이기 시작하는 것이다.

다음은 이준(李儁, 1859~1907) 열사와 네덜란드 헤이그에서 열린 만국평화회의에 참석했던 미국감리교의 헐버트(H.B. Hulbert, 1863~1949)의 묘비에 쓰여 있는 글이다.

다양한 묘비가 선교사들의 헌신을 이야기하고 있다.

"나는 웨스턴민스터 사원보다 한국 땅에 묻히기를 원하노라."(H.B. Hulbert)

바로 한국에 대한 그의 사랑과 열정이 절절히 배어 있는 글이다. 일제시대 민족운동을 적극 지원하다가 1908년 한국을 떠나야 했지만 미국에서 한국의 독립을 위하여 측면 지원을 한 분이다.

헐버트는 1949년 초대 대통령인 이승만의 초청으로 80의 노구를 이끌고 왔다가 결국 여독旅毒으로 별세하시고 양화진에 묻히셨다.

1891년 한국에 온 캐나다 의료 선교사인 홀(W.J. Hall, 1860~1894)은 아들 셔우드 홀(Sherwood Hall, 1865~1951)과 아내(Rosetta Sherwood Hall, 1865~1951)를 남기고 한국에 와서 3년 만에 병사했다. 아들 셔우드 홀은 아버지의 사역을 이어 1932년 한국 최초로 결핵 퇴치를 위한 크리스마스 씰을 제작하여 판매한 사람이다. 그는 말년에 캐나다 밴쿠버에서 숨졌지만 "나의 사랑, 한국에 나를 묻어 달라"는 유언에 따라 이곳에 묻혔다.

1885년 4월 5일 부활절 날 한국에 복음을 전한 언더우드와 아펜젤러 부부가 이곳에 묻혔으며, 제물포에 도착하여 드린 첫 기도문이 아펜젤러 묘비에 기록되어 잔잔한 감동을 일으킨다. 아펜젤러는 1902년 목포 앞바다에서 배가 전복되었을 때 소녀를 구하다가 익사하였으며, 시체도 찾을 수 없는 안타까운 죽음을 맞았다.

1886년 24세의 나이에 한국에 온 애니 엘러스Annie J. Ellers는 여성들에게 신학문을 가르치기 위하여 정신여중·고를 설립하였다. 그녀의 묘비에는 "하나님을 믿자! 바르게 살자! 이웃을 사랑하자!"라는 문구가 기록되어 있다.

100여 년 전 배로만 바다를 건너던 시절, 그들에게는 조선은 지구의 어디에 붙어 있는지도 모르던 미전도 종족이 사는 오지奧地의 땅이었으며, 다시 살아 고향에 돌아가기 어려운 멀고 먼 땅이었다. 그들은 본국에서의 안락한 삶을 포기하고 한국에 찾아와 하나님 나라의 복음을 전하고 한 알의 밀알들이 된 것이다.

"친구를 위하여 자기 목숨을 버리면 이보다 더 큰 사랑은 없느니라."(A.K. Jensen, 미감리회 선교사)
"나에게 천의 생명이 주어진다 해도 그 모두를 한국에 바치리라."(R. Kendrick, 미국 남감리회 여선교사)
"나는 섬김을 받으러 온 것이 아니라 섬기러 왔습니다."(A.R. 아펜젤러, 1885~1950, 감리교 여선교사, 교육자, H.G. 아펜젤러의 장녀)

이들이 전한 복음은 역사 전체를 통하여 인류를 파괴하여 온 세 가지의 원수들인 사망, 죄, 사단을 정복한 하나님 나라의 메시지The Message of the Kingdom였다.

이곳의 무덤은 웅장한 인도의 타지마할이나 거대한 피라미드, 그리고 무성하게 잡초만 솟은 무덤들과는 다른 곳이다. 사망이 통치하는 곳이 아니라는 것이다.

그리스도께서 육신의 옷을 입고 오신 것은, 사망으로 말미암아 사망의 세력을 잡은 자, 곧 마귀를 없이 하시며 또 죽기를 무서워하므로 일생에 매여 종노릇 하는 모든 자들을 놓아 주려 하시기 위한 것이었다.

또한 우리는 하나님의 영광에 대한 비전을 가져야 참된 하나님의 나라의 연합을 이룰 수가 있는 것이다. 모든 족속으로 하여금 하나님께 독특한 방식으로 영광을 돌리게 하려는 열심을 가질 때 획일적인 예배와 행동의 요구를 무시할 수가 있다. 그리고 다양한 스타일의 의와 평강과 기쁨 속에서 그리스도 안에 있는 하나의 공통적인

진리를 더욱 사모하게 되는 것이다.(Integrate Efforts for God's Glory)

   한국교회의 역사의 심장부인 이곳에 많은 분들이 들러서 한국교회 초기 해외 선교사들의 열정을 돌아보기를 소망한다. 외국인묘지에 묻힌 수많은 해외 선교사들에 의해 한국교회가 출발을 하였지만 오늘의 한국교회는 독특한 영성을 개발하여 발전을 하고 있다. 서양교회가 이성을 바탕으로 하는 '침묵의 영성' 이었다면 한국교회는 감성을 기반으로 하는 '외침의 영성' 이었다고 할 수 있다.

   한국교회는 새벽기도회, 철야기도회, 금식기도회, 통성기도 등 서양교회와는 확연히 다른 형태와 성격을 갖고 있다. 과거 서양교회 중심의 '대서양 영성운동' 은 이제 한국교회를 중심으로 하여 남미, 아시아, 아프리카 등 '태평양 영성운동' 의 시대로 변하고 있는 것이다.

   하나님께서 시대마다 영성의 풍향과 풍속을 이끄시기 때문에 한국교회는 복음의 바람이 세상끝까지 불도록 최선을 다해야 하는 것이다. 우리가 하나님 나라를 전파하는 일에 게을리 하지 않도록 마음을 다잡으면서 정동거리를 향하여 발걸음을 재촉하였다.

정동제일교회 모습

## 2 한국교회 역사의 원류源流, 서울 정동

정동제일교회: www.chungdong.onmam.com

배재학당: www.paichai.hs.kr

이화학당: www.ewha.hs.kr

† 그러므로 이스라엘아 내가 이와 같이 네게 행하리라 내가 이것을 네게 행하리니 이스라엘아 네 하나님 만나기를 예비하라 대저 산들을 지으며 바람을 창조하며 자기 뜻을 사람에게 보이며 아침을 어둡게 하며 땅의 높은 데를 밟는 자는 그 이름이 만군의 하나님 여호와니라
(아모스 4:12-13)

도대체 역사란 무엇인가? 왜 인간은 이 세상에 있는가? 인간은 어디로 가고 있는가? 인류에게는 어떤 목표와 의미, 운명이란 것이 있는 것인가?

황무한 광야에 흉물처럼 버려진 문명의 잔해들인 스핑크스, 기자Gizeh의 피라미드, 테베Thebes의 탑들, 로마의 찬란하던 1세기의 문명과 영광은 역사상 가장 뛰어난 것들이었다.

그 모든 것은 무엇을 의미하는가? 왜 나라들이 흥하기도 하고 망하기도 하는가?

우리는 그 답들을 성경 안에서 찾을 수가 있다. 성경 전체의 중심주제는 역사 안에서 나타난 하나님의 구속 사역인데, 하나님은 하나의 계획을 갖고 줄기차게 역사 안에서 이 계획을 실천하고 계신 것이다.

† 이 천국 복음이 모든 민족에게 증거되기 위하여 온 세상에 전파되리니 그제야 끝이 오리라(마태복음 24:14)

## 교회의 역사가 왜 중요한 것인가?

인류 역사는 교회의 선교 프로그램과 얽혀 있는 것이다. 하나님은 이스라엘이라는 작고 멸시받던 민족을 택하시어 하나님의 계획을 이루고 계시며, 예수님의 부활 후부터 재림까지 열방을 향한 계획을 쉬지 않고 실천하고 계신 것이다.

따라서 하나님의 복음 전파 계획이 한국에 처음 시도되면서 중심축으로 자리매김을 한 정동거리를 찾는 것은 의미가 크다고 보겠다.

첫 해외 선교사들은 왜 정동에 자리를 잡았을까?

아펜젤러(H.G. Appenzeller, 1858~1902) 부부와 언더우드(H.G. Underwood, 1859~1916)에 이어 스크랜튼(W.B. Scranton, 1856~1922) 부부와 스크랜튼의 모친(M.F. Scranton, 1832~1909)이 조선에 도착을 하면서 서울 정동에 선교부Mission Station가 자연스럽게 세워지게 된 것이다.

정동에는 이미 미국을 비롯한 각국의 공사관들이 있었으며 알렌이 설립한 광혜원

정동교회 앞뜰에 세워진 동상들

이 운영되고 있던 곳이었다. 일본에 머물면서 한국 선교를 총지휘하던 미국의 맥글레이R.S. Maclay가 1884년 6월에 한국에 와 개화파의 거두巨頭 김옥균의 주선으로 고종으로부터 병원과 학교 설립을 허락받았다.

이로 인하여 맥글레이는 서울에 선교를 위한 교두보를 확보하게 된 것이었다. 맥글레이는 서울에 외국인 집단 거주지를 만들어 교육과 의료 선교를 위한 전략을 세우게 되었다. 그래서 정동에는 아펜젤러에 의하여 최초의 근대학교인 배재학당과 정동교회가 설립되었고, 스크랜튼에 의하여 병원과 그의 모친에 의하여 이화학당이 세워지게 되었다.

언더우드는 경신학교와 정동교회(새문안교회)를 세우게 되면서 정동은 미국의 장로교회와 감리교회의 한국 선교의 모판이 된 것이었다.

덕수궁 돌담길을 끼고 도는 정동거리는 서울에서 가장 걷고 싶은 거리 중에 하나로 손꼽히고 있는데, 다양한 문화공간이 옛 역사유적들과 어울려 추억의 장소가 되기에 충분한 곳이다.

정동 사거리에는 정갈한 모습의 교회가 하나 세워져 있는데, 바로 옛 모습을 그대로 간직하고 있는 정동교회이다. 올 때마다 결혼을 앞두고 추억을 남기려고 혼인 사진을 찍는 모습을 자주 보게 된다.

외국인묘지에 있는 아펜젤러의 묘지

　아펜젤러의 정동제일교회(서울 중구 정동 34 전화 02-753-0001)의 건물은 1887년 9월 건축되었는데, 지금의 건물은 1897년에 새로 지어진 건물이다.
　1977년 11월 22일에 '서울시 사적 제256호'로 지정, 보호되고 있는 문화유산인데, 정문을 들어서면 정원에 초대 담임 목사였던 아펜젤러의 흉상이 붉은 벽돌로 된 아름다운 성전을 바라보고 서 있다. 그리고 왼쪽에는 정동교회 100주년 기념탑이 서 있으며, 교회의 내부는 별 장식이 없이 간결하고 소박하고 기단基壇은 돌로 지은, 또 모서리에는 종탑을 세운 고딕 양식의 서양식 건물이다.
　정동제일교회는 1885년 10월 11일 아펜젤러가 그의 집에서 4명의 신자를 모아 예배를 드리고 세례를 받으면서 시작되었으며, 당시에는 '벧엘예배당'이라고 이름을 지었다.
　정동제일교회에서는 1889년 한국 최초의 월간잡지 『교회』를 발간하였고, 1897년에는 미국의 엡윗청년회 운동을 도입하여 나중에 YMCA, YWCA 등 젊은이들을 위한 단체들이 만들어지는 초석이 되기도 하였다.
　1922년에 한국 최초의 여름성경학교를 개설하는 등 한국 선교의 개척자의 역할을 한 대표적인 교회로, 아펜젤러의 죽음은 우리에게 많은 것을 이야기하고 있다. 1902년 6월 11일 밤 목포에서 열리는 성서번역위원회에 참석하기 위하여 탔던 작은 증기

선인 구마가와마루호クマガワマル号와 기소가와마루호キソガワマル号가 충돌을 하였을 때, 수영선수 출신인 아펜젤러는 자신보다 비서와 여학생을 구하려다가 목숨을 잃고 말았다.

아펜젤러 선교사가 세운 배재학당과 정동제일교회 옆에는 스크랜튼 부인이 설립한 이화학당이 모두 담을 같이 하여 붙어 있다. 유관순 열사도 이화학당에 다니실 때 늘 정동교회에 다니며 신앙교육을 철저히 받으셨으며, 초대 이승만 대통령도 신앙생활을 이곳에서 하셨다.

### 대한민국의 건국을 주도한 이승만의 재발견

이승만은 1948년 기독교 신앙을 기초로 한 대한민국을 세우고 1960년 4·19 혁명으로 물러나기까지 12년 간 대한민국의 기초를 쌓는 데 큰 기여를 하였다.

해방 후 1945년 10월 16일 33년 만에 귀국한 이승만은 정동제일교회에서 김구 선생과 같이 예배를 드린 다음 '새 나라'를 세우자는 의미심장한 연설을 하였다.

또한 1948년 5월 10일 총선거에서 국회의원으로 당선되어 5월 31일의 제헌국회 개원식에서 임시의장으로 추대된 이승만은, 회의를 개시하는 역사적인 순간에 이윤영李允榮 목사에게 기도를 부탁하였다. 대한민국은 이윤영 목사님의 기도 위에 세워진 나라가 된 것이며, 2008년은 대한민국이 시작되고 60년, 회갑의 나이가 된 것이다.

우리 국민들은 이제 대한민국 창건 60주년을 맞이하여 초대 이승만 대통령을 비롯한 역대의 모든 대통령들을, 그 공과를 떠나 중요한 역사적인 인적 자산으로 가꾸어 후손에게 전해 주는 일을 해야 하는 것이다.

일제시대 각국의 외교관들이 상주를 하던 정동에 세워진 정동제일교회는 그만큼 한국사회에 기독교의 영향을 확대하는 데 큰 기여를 한 것이다.

배재학당 동관은 유물전시관으로 활용되고 있다.

## 근대교육의 출발지 배재학당터

이화여고와 담을 두고 있던 한국 최초의 근대학교인 배재중·고는 1984년 2월 28일 서울시 강동구 고덕동으로 이전을 하고 현재는 배재공원과 옛 배재학당의 건물의 일부가 남아 있다.

배재학당은 아펜젤러가 1885년(고종 12년) 8월 3일 설립한 근대적인 사립학교로 기독교정신과 개화사상을 바탕으로 근대교육의 선구자 역할을 담당하였다. 그 시작은 미약하여 이겸라와 고양필 두 학생으로 시작하였다.

1887년에 한국 최초의 르네상스식 벽돌건물을 신축하였으며, 동몽선습童蒙先習을 읽고 한글을 이해하는

신교육 발상지라는 기념표석

17세 이상의 남학생을 입학시켰다. 아펜젤러가 영어를 처음 가르치자 배재학당으로 학생들이 몰려오기 시작하였는데, 예나 지금이나 영어를 잘하면 사회에서 우대를 받는 것은 비슷하다고 보겠다. 당시에 영어를 배우면 관직官職으로 나갈 기회가 생겨서 좋았기에 아펜젤러는 영어를 통하여 한국 선교를 할 수 있다는 자신감을 갖게 되었다.

배재학당에서는 토론을 중심으로 하는 협성회 활동을 통하여 초대 대통령 이승만과 서재필 등 한국 근대사의 위대한 인물들이 많이 배출되었다. 오랜만에 찾은 배재학당 자리 한 편에는 러시아대사관이 들어서 있고 1932년에 지은 1,500명을 수용하던 강당 건물은 없어져 아쉬운 마음이 든다.

1916년에 지었다는 동관東館건물만은 리모델링을 잘하여 옛 모습을 그대로 보여주고 있는데 2008년부터 유물전시관의 역할을 하고 있다. 1923년에 동관 건너편에 지었던 서관西館은 1984년 강동구로 학교를 옮기면서 자연사박물관으로 사용되고 있다.

동관 앞 잘 정돈된 정원에는 근대교육발상지라는 돌기념비와 독립신문을 인쇄한 장소라는 기념비가 세워져 있다. 바로 이 자리는 성경을 인쇄하여 전국에 퍼뜨린 일을 하던 역사적인 장소이기도 하다.

독립신문과 성경을 인쇄하던 자리에 세워진 표석

동관건물에 바짝 붙어 있는 한 그루의 노송老松이 있는데, 가만히 올려다보면 위쪽에 커다란 대못이 하나 박혀 있는 것이 보인다. 이 못은 임진왜란 당시 일본장수가 말馬을 매 놓았던 못이라고 하는데, 지금은 나무가 자라는 바람에 나무의 꼭대기에 못이 위치해 있는 것이다.

기독교 유적답사기 1, 2권을 발간한 후에 역사적인 교회와 유적들을 다시 가 보면, 그 동안 정비가 잘되어 새로운 책을 쓰고 있는 것이다. 힘은 들어도 참으로 기쁜 마음이다.

현대문명의 궁극적인 의미와 인류 역사의 운명을 위해서는 교회가 UN보다, 그리고 어떤 군대보다 중요한 것이다. 하나님의 목적은 선교의 성취여부에 달려 있기에 교회의 선교역사가 매우 중요한 것이다.

### 여성 신교육의 출발지 이화학당

이화여고는 정문부터 예전의 정취가 나는데, 한옥식 옛 정문은 1923년에 세운 것으로 조선시대의 전통 민가에서 볼 수 있는 형태를 하고 있다.

과거 조선시대 말까지 여성들은 교육을 받기는커녕 사람 대접도 못 받았던 유교의

이화학당 첫 교사의 모습

전통인 남존여비 男尊女卑 사상의 피해자들이었다. 당시 여성들은 지금으로는 상상을 할 수 없을 정도로 인권을 보장받지 못하였는데, 기독교가 여성의 인권 신장에 지대한 공을 세운 것이다.

스크랜튼이 설립한 이화학당이야말로 근대 여성교육을 넘어 여성의 인권을 높이는 엄청난 변화를 가져오게 한 것이었다. 기독교가 들어와 많은 일을 하였는데, 그 중에 계층간의 차별을 없애고 여성들이 받던 차별을 제거한 것은 민주국가로의 터를 마련한 중요한 일을 한 것이었다. 한국의 교회는 여성들이 남성보다 더 많고 법조계, 교육계뿐 아니라 근래는 군과 경찰에 이르기까지 여성 파워가 대단하다. 이런 현상은 바로 기독교의 복음이 여성들을 사람답게 살 수 있도록 사회 분위기를

이화학당 학생들이 줄을 지어 정동교회로 향하고 있다.

만들어 주었기 때문이라고 생각을 한다.

이화재단은 1915년에 지은 심슨홀Simson Memorial Hall을 새롭게 리모델링하여 학교 역사관으로 사용하고 있었는데 꼭 들러 볼 만한 곳이다. 사실 심슨홀의 자리는 언더우드가 예수교학당(현재 혜화동의 경신학교)을 세워 운영하던 장소이기도 하다.

심슨홀 자리야말로 언더우드 교육선교의 열매인 경신학교와 연세대학교의 씨앗이 심겨진 곳이기도 하다.

이화여고의 교정에서는 설립자 스크랜튼과 유관순(柳寬順, 1904~1920) 열사의 동상과 유관순 우물을 볼 수가 있다.

정동에서 일하던 해외 선교사들의 뒷이야기를 살펴보는 것도 재미있는 일이다.

심슨홀은 이화학당 역사관으로 활용되고 있다.

정동에 와서 일하던 해외 선교사들은 한국이 양반과 상놈이라는 계층이 확연히 구분되는 사회인 것을 알았으며, 따라서 그들은 양반의 행세를 하는 것이 선교에 유리하다고 판단을 한 것 같다.

그들은 양반처럼 옷을 입고 종을 부리며 말이나 가마를 타고 선교를 다녔으며, 집도 한옥의 내부는 미국식으로 바꾸어 서양식 생활을 하기도 하였다고 한다.

해외 선교사들은 미국식 생활의 우월성을 보여 주었고, 한국 사람들과 하인들에게는 친절하고 관대하게 대하였다. 그래서 서양 선교사들은 국왕이나 양반들과는 쉽게 만났지만 천민 계층들과는 접촉하기가 점점 힘들게 된 것이었다. 자신의 정원에 미국의 꽃을 가져가 심고 즐기면서 미국음식을 먹으며 여름에는 별장에서 지내는 등 한국인과는 거리가 먼 생활을 하는 것 자체가 선교라는 생각을 한 것 같다(『사진으로 보는 한국 선교』, 김진형 저 41쪽 참조).

해외 선교사들의 업적과 다양한 선교활동의 이야기를 하는 이유는, 역사에서 오늘의 선교를 잘하기 위한 사고방식과 방향 등을 찾아보고자 하기 때문이다.

우리가 세계 선교를 잘하기 위해서는 우리 안에 존재하는 오리엔탈리즘의 제거가 시급하다. 에드워드 사이드는 19세기 서양의 제국주의가 서양문명의 우월성과 동양문명을 열등하게 등급화하므로써 제국주의를 팽창시키는 침략의 뿌리가 된 인식구

이화학당의 역사관 내부 모습

조를 '오리엔탈리즘'이라는 말로 표현을 하였다.

서양의 열등한 인종에 대한 계몽이 필요하다는 편견은 식민지 지배의 정당성을 제공하였으며, 그 과정에서 서양의 기독교가 공세적인 선교를 감당한 것은 역사적인 사실이었다.

동양에서 먼저 오리엔탈리즘을 받아들인 일본은 서양처럼 자신보다 열등하다고 본 동아시아를 지배하려는 야욕을 보인 것이었다.

### 지금의 우리는 어떠한가?

우리보다 우월하다고 생각하는 백인과 서양, 영어에는 기가 죽는 반면에 우리보다 못한 사람들, 즉 이주노동자나 제3세계 국가를 대할 때는 군림하려는 태도를 보이는 것이 바로 우리 속에 자리잡은 오리엔탈리즘이 아닌가?

세계화 시대에 따른 다른 문화의 공존은 시대적인 흐름이다. 공존은 있는 그대로 상대를 인정하고 존중할 때 가능한 것이며, 강압이나 지배하는 행위로 사회를 발전시킨다는 '사회진화론'은 허구인 것이다. 다양성이 인정되는 세상 속에서 우리는 존재하며, 따라서 가장 한국적인 것이 가장 세계적이라는 인식을 가져야 하는 것이다.

세상은 보다 넓게 소통되어야 하며, 소통은 강제적인 통합이 아니라 어울림을 위한 것이어야 한다. 이는 인종과 문화, 종교, 국가간에도 포괄적으로 적용되어야 하는 것이다.

한국교회가 세계 선교를 담당할 사명을 이루기 위하여, 우리는 우리의 인식세계에서 오리엔탈리즘을 제거하여야 한다. 먼저 우리는 기업을 하든 선교를 하든 혹은 관광을 하든, 상대방을 제대로 이해를 하고 자기중심보다 타인중심에서 접근을 해야 한다는 것을 근래의 여러 사건을 통하여 느끼게 된다. 그렇지 않으면 좋은 일을 하려다가 오히려 오만의 대가를 톡톡히 받게 되기 때문이다.

필자는 근래 일부 교수들에 의해 주도되는 통섭Consilience운동을 주목하고 있다. 이 운동의 요체는 다양한 사람들이 모여 편하게 이야기를 나누다 보면 상상하지 못한 아이디어들이 나온다는 것이다. 즉 다양한 영역에서 결합이 이루어져 새로운 결과를 얻는다는 것이다. 단 기초가 튼튼한 사람만이 통섭이 가능한 것이다.

다음에는 정동에서 가까운 사직공원 근처의 배화학교를 찾고자 한다.

배화학교 본관

# 3 캠벨Mrs. Josephine Campbell과 배화학교

서울시 종로구 필운동 12 ☎ 02-724-0310
www.paiwha.hs.kr

† 내가 풍재風災와 깜부기 재앙災殃으로 너희를 쳤으며 팟종이로 너희의 많은 동산과 포도원과 무화과나무와 감람나무를 다 먹게 하였으나 너희가 내게로 돌아오지 아니하였느니라 이는 여호와의 말씀이니라(아모스 4:9)

해리 포터 시리즈의 작가 J. K. 롤링이 2008년 6월에 미국 하버드대 졸업식에서 축하 강연을 하였다. 그녀가 들려준 교훈은 '실패의 미덕'과 '상상력'이라는 두 가지였다. 그녀가 만난 인생의 실패들이 자기에게 불필요한 것들을 제거하여 가장 중요한 일에 투자를 하게 만들었다고 한다. 그리고 자신이 경험하지 않은 다른 사람의 경험에도 공감을 할 수 있는 상상력이 생겼다는 것이다.

타인의 아픔에 공감하는 상상력이 미래의 세상을 바꾼다는 것이 그녀의 생각이다.

이와 같이 인생에서 처절한 실패를 경험한 한 여성이 한국에 와서 펼친 교육사업의 역사 현장을 가 보고자 한다.

배화학교는 서울의 경복궁 앞 네거리에서 서대문 방향으로 가다가 사직공원 뒤편으로 들어가면 있는데, 옛 건물들이 잘 보존되어 있다. 학교의 이름이 배화培花인 것은 꽃을 배양한다는 의미로, 민족의 빛과 향기가 되고 떨어져도 열매를 맺는 꽃과 같은 학생을 키우는 신앙과 배움의 터전임을 보여 주는 것이다.

이곳은 캠벨(Mrs. Josephine P. Campbell, 1853~1920)의 고난과 신앙을 돌아보는 곳이다.

배화학교의 본관 입구에는 설립자 캠벨의 흉상이 학교를 지키고 있으며, 옆에는 미국 남감리교의 한국 최초 선교사인 리드(C.F. Reid, 1849~1915)의 기념비가 세워져 있다.

캠벨의 불우한 인생이 어떻게 그리스도 안에서 긍정적인 삶으로 승화되어 위대한 영향을 우리나라에 끼쳤을까?

### 캠벨 선교사의 불우한 삶과 그의 신앙

캠벨은 1852년 4월 1일 미국의 남부 텍사스에서 태어나 21세에 감리교 목사 캠벨과 결혼하여 1남 1녀를 두었지만, 1880년 남편과 사별하고 얼마 후에는 두 자녀마저 모두 잃는 불운을 겪어야 했다.

이 불행한 사건을 신앙으로 극복한 캠벨은, 평생을 그리스도의 복음을 전하는 선교사로 살기를 결심을 하고 1886년 중국의 상해와 소주에서 선교 활동을 시작하였다.

캠벨의 동상이 배화학교를 바라보고 서 있다.

그녀는 나이가 45세였을 때인 1897년 10월 9일 한국에 들어왔다.

캠벨은 1920년 11월 12일 세상을 떠날 때까지 23년 동안 배화학교와 종교교회 그리고 자교교회를 세워 그리스도의 복음을 전하고 조선여성을 사랑하면서 헌신을 하였다.

1897년 내한한 캠벨은 여성 교육기관 설립을 준비하던 중, 1898년 10월 2일 고간동(종로구 내자동 75)에 가옥 몇 동을 구입하여 학생 6명과 교사 2명으로 학교를 시작하였으며, 이를 캐롤리나 학당이라고 불렀다. 한국인들 사이에서는 보통 자골학교라고 불렀으며, 1903년 12월 2일 윤치호(尹致昊, 1865~1945)가 교명을 지어 줌으로써 비로소 배화학당이라는 공식이름을 갖게 되었다.

### 종교교회와 자교교회

캠벨의 여성 교육사업은 교회 설립을 염두에 두고 추진한 일이었기 때문에 학교 설립 초기부터 철저한 신앙교육을 실시하여, 1900년경에는 38명의 학생 전원이 주일학교에 참석하였다.

배화학교는 1900년 4월 15일 부활절 날 새 건물을 마련하여 자골교회라고 불렀는

배화학당 고등과 졸업생들 모습

데, 이것이 오늘날 종교교회와 자교교회의 출발이 되었다.

학교 내의 자골신앙공동체는 발전을 거듭하여 당시 규모로는 늘어나는 교인들을 감당할 수가 없어 결국은 고가나무골 선교지를 팔고 배화학당과 여선교사 사택은 누하동으로, 교회는 도렴동으로 옮겼으며, 1910년 6월 붉은 벽돌 예배당을 마련하여 종교교회라고 불렀다.

자골신앙공동체에서 종교교회가 설립되어 나간 뒤 일부 남아 있던 교인들이, 루이스워커 기념예배당에서 예배를 드리다가 자교교회로 발전하게 되었다. 배화학교가 설립되어 학교 안에 세워진 자골교회는 종교교회와 자교교회의 모체가 된 것이었다.

배화학교의 역사에는 교사로 근무하시던 남궁억(南宮檍, 1863~1936) 선생의 위대한 자취가 선명하다. 남궁억 선생의 이야기는 한서교회 편에서 다루기로 하고 배화학교에서의 이야기만 하고자 한다.

남궁억 선생은 1910년 한일합방 후에 신앙교육을 통하여 민족을 구원하기로 마음먹고, 종교교회에서 세례를 받고 11월부터 배화학교 교사로 부임하였다. 배화학교에서 남궁억 선생이 담당한 과목은 영어, 역사, 붓글씨였으며 그 밖에 가정에서 여성이 알고 행하여야 할 가정교육을 가르치기도 하였다. 남궁억 선생은 모든 과목에서 조선인으로서의 정체성과 역사의식을 강조하였다. 그는 배화학교의 교가를 짓는 등 1918년 12월까지 교사를 하다가, 이후 고향인 강원도 홍천군 서면 모곡리(보리올)로 돌아가 독립운동을 하셨다.

그러나 배화학교의 역사에도 어두운 그림자가 있다. 일제의 신사참배를 강요할 때 많은 학교들이 폐교되는 상황에서, 1935년 10월 16일부터 신사神社에 참배한 역사를 갖고 있다. 또한 박정희 전 대통령의 부인인 고 육영수 여사가 1942년 3월에 졸업한 16회 졸업생이다.

'고 육영수 여사도 학창시절 예수님을 믿었다면 얼마나 좋았을까' 하는 생각을 하며 승동교회로 향하였다.

# 6
# 서울지역 유적답사(2)

1_가장 낮은 자와 아픔을 같이한, 무어선교사와 승동교회
2_연못골에서 시작한 복음의 향기, 연동교회
3_민족운동의 요람인 상동교회
4_선한 사마리아인의 사랑 위에 세워진 아현교회

승동교회

# 1 가장 낮은 자와 아픔을 같이한, 무어선교사와 승동교회

서울 종로구 인사동 137번지 ☎ 02-732-2341
www.seungdong.or.kr

†나는 선한 목자라 내가 내 양을 알고 양도 나를 아는 것이 아버지께서 나를 아시고 내가 아버지를 아는 것 같으니 나는 양을 위하여 목숨을 버리노라(요한복음 10:14-15)

서울의 인사동 문화의 거리는 가장 한국적인 분위기

를 내는 곳이라 외국인들도 많이 찾는 명소이다. 옛날에 쓰던 갖가지 물품과 문화 예술품들을 쉽게 볼 수 있어 가족들과 꼭 둘러볼 만한 곳이다. 인사동거리를 걷다가 보면 한국교회 역사에서 아주 중요한 교회를 만나게 된다.

승동교회는 도시재개발계획에 묶이는 바람에 교회의 외형적인 발전을 못하였지만, 덕분에 100년 가까운 세월을 견딘 교회 건물과 4~5동의 한옥이 잘 보존되어 있다.

특히 1904년에 지어진 로마네스크풍의 붉은 벽돌의 교회 건물은 서울시 유형문화재 제130호로 지정되어 있다. 승동교회는 사람 취급을 받지 못하던 조선시대의 여자와 천민賤民들이 예수님을 믿고 하나님의 자녀로 대접을 받도록 큰 역할을 한 곳이다.

천민 중에 천민인 백정白丁(소나 돼지 등을 도살하는 사람으로 전혀 사람 취급을 받지 못한 계층)들이 예수님을 믿고 어떤 사람이 되었는지? 청년들의 애국심이 교회를 통하여 어떻게 사회에 표출되었는지? 이런 질문에 대한 답을 승동교회의 역사는 간직하고 있다.

## 승동교회의 출발 이야기

승동교회는 1892년 9월 한국에 온 17번째의 해외 선교사인 무어S.F. Moore에 의하여 시작된 교회이다. 현재의 을지로 롯데호텔 자리 부근의 개천이 흐르는 곳에 백정들이 모여 살고 있었는데, 무어는 그 곳에 곤당골교회를 세우게 되었다.

곤당골교회가 개척된 1893년은 한국교회에 3가지의 의미가 있는 해였다.

첫째, 선교사들의 협의체인 '선교사공의회'가 조직된 것이고 둘째, 모든 선교사역의 문서를 한글로 작성한다고 결정한 것, 셋째, 무어가 서울에서 두 번째 장로교회를 설립한 일이었다.

이 곤당골교회는 세워진 후 분열과 재결합 등 어려운 일들을 겪으면서 홍문섯골교회로 그리고 구리개교회(동현교회)로 바뀌다가 1905년 현 위치에 승동교회가 세워진 것이다. 백정 출신인 박성춘과 아들 박봉출(박서양)이 무어를 만난 뒤 곤당골교회에서 신앙생활을 시작하여 훗날에 한국사회에 위대한 인물이 된 것이다.

외국인묘지에 있는 무어 목사의 묘지

    박성춘은 하나님의 사랑은 백정 출신들을 신분상의 차별에서 구원하신다는 신앙을 구체화시킨 사람이었다. 특히 조정朝廷에 건의문을 올려 1895년에 모든 백정들의 신분상 차별을 철폐하는 포고문을 받아 내기도 하였다. 그는 전국 3만 명의 백정들을 대상으로 전도를 하였고 권익 보호에 앞장을 섰다. 그의 아들 박서양은 1908년 세브란스의학교를 1회로 졸업하고 한국 최초의 의사가 되어 고종황제를 치료하는 일을 하였으며, 중앙·휘문학교 등에서 강의도 하였다. 1914년에는 만주 연길로 이주하여 숭신학교를 세우고 구세병원을 열어 동포들을 도왔다. 이는 복음의 씨앗이 떨어져 자라면 개인과 가정과 사회가 어떻게 변화를 일으키는지를 보여 주는 좋은 사례가 되는 것이다.

    백정 출신인 박성춘과 박서양 부자의 역할이 커지면서 양반 출신들과의 갈등으로 교회가 분열되는 어려움을 겪는 원인이 되기도 하였다. 무어는 1906년 11월에 세브란스병원에서 병마와 싸우다가 12월 22일 46세의 아까운 나이로 하나님의 부르심을 받았는데, 그의 시신은 양화진 외국인묘지에 안장되었다.

    인류는 2000년 전에 예수 그리스도의 십자가 사건을 통하여 이미 하나님과 객관적으로는 화해를 이루었다. 하나님은 나의 믿음과 상관없이 그리스도의 십자가를 통하여 인류와 객관적인 화해를 이루신 것이다. 그러나 구원은 지금 여기에서 그리스

승동교회의 뜰에 세워진 3·1 운동 기념비

도에 대한 나의 믿음의 결단을 통하여 주관적으로 일어나는 것이다. 백정이든 양반이든 간에, 하나님이 예수 그리스도의 십자가에서 나의 죄를 사하셨다는 것을 주체적으로 믿고 시인하는 사람만이 구원을 받는 것이다. 이것은 아주 중요한 진리인 것이다.

화해와 구원은 분명히 다른 것이다. 제2차 세계대전에서 일본의 패망 소식을 듣지 못하고 동남아시아의 어느 섬에서 평생을 지낸 사람이 있었다. 얼마나 불쌍한 사람인가? 이와 같이 그리스도의 십자가에서 사단이 패망을 하였다는 것을 믿지 못하는 것은 불신앙이며 어리석은 죄인 것이다.

승동교회는 또 다른 애국지사들의 활동이 있었던 곳이기도 하다.

승동교회의 길 건너편에 3·1 운동의 본산인 탑골공원이 있고 인근에 YMCA 건물이 있다. 이러한 위치 때문에 일제시대에 많은 애국지사들이 승동교회를 다녔는데, 독립운동에 생애를 바친 여운형(呂運亨, 1886~1947), 이동녕(李東寧, 1869~1940), 노백린(盧佰麟, 1875~1926) 등이 있다.

박성춘과 신채호(申采浩, 1880~1936)의 인간관계는 교회의 분위기를 독립을 꿈꾸는 민족주의적 흐름으로 나아가게 하였는데, 이런 분위기로 인해 승동교회는 3·1 운동에 가장 적극적으로 가담하는 교회가 된 것이다.

승동교회 마당에 서 있는 돌비석은 1993년 2월 28일 3·1절 74주년을 맞이하여 세운 3·1 운동기념표석이다.

3·1 운동이 일어나자 승동교회 청년들은 거사 당일 독립을 주장하는 각종 유인물을 배부하였으며, 당시 인력거 위에서 태극기를 흔들면서 진두지휘를 하던 강기덕(康基德, 1886~?)과 김원벽(金元璧, 1894~1928)이라는 학생이 일본경찰에 체포됐다.

김원벽은 승동교회의 청년면려회장으로 YMCA 간사인 박희도와 함께 승동교회의 1층 밀실에서 3·1 운동 거사계획을 짰으며, 승동교회 청년들은 전문학교 학생 대표들과 수차례 회합을 가졌는데, 이 공간은 지금도 잘 보존돼 있다.

승동의 청년 김원벽은 누구인가?

1894년 황해도에서 태어났으며 경신학교를 1912년 졸업하고 연희전문학교 상과에 입학을 하였다. 그는 원두우 교장 집에서 기거하며 탁월한 지도력으로 연희전문학교의 기독학생회를 이끌었다. 3·1 운동 참여로 1920년까지 옥고를 치르고, 기자 생활을 하면서 승동교회 청년면려회장으로 신앙생활을 하다가, 1928년 36세의 나이로 요절夭折하였다. 1919년 3·1 운동의 민족대표 33인 중 16명이 기독교인이었다.

승동교회는 선조들의 하나님 사랑, 민족 사랑, 자연 사랑에 대하여 되돌아보게 하는 교회이다.

† 보라 내가 새 일을 행하리니 이제 나타낼 것이라 너희가 그것을 알지 못하겠느냐 정녕히 내가 광야에 길과 사막에 강을 내리니 (이사야 43:19)

승동교회를 떠나 종로 5가 부근에 있는 연동교회로 향하였다.

연동교회

## 2 연못골에서 시작한 복음의 향기, 연동교회

서울 종로구 연지동 136-12 ☎ 02-763-7244
www.ydpc.org

† 야베스가 이스라엘 하나님께 아뢰어 가로되 원컨대 주께서 내게 복에 복을 더하사 나의 지경을 넓히시고 주의 손으로 나를 도우사 나로 환난을 벗어나 근심이 없게 하옵소서 하였더니 하나님이 그 구하는 것을 허락하셨더라(역대상 4:10)

종로 5가에서 대학로로 가는 길목에는 기독교 관련 건물들이 유난히 많다. 그러한 건물들로는 기독교연합회관, 기독교여전도회관, 기독교100주년기념회관과 옛 기독교 방송국 건물 등이 있는데, 그 중심부에는 연동교회가 한국교회사의 아주 중요한 위치를 차지하고 있다.

연동교회가 위치한 동네를 옛날에는 연못골이라고 불렀는데, 과거에는 효제초등학교 자리에 커다란 연못에 있었다고 한다. 그래서 연지동蓮池洞이라고 부르게 된 것이다.

연못골 일대는 1894년 이래 미국 북장로교회의 선교부가 땅을 마련하여 7채의 선교사 사택과 정신학교, 경신학교 그리고 연동교회를 세워서 '선교언덕'을 이루었던 역사적인 곳이었다.

연동교회는 어떻게 설립이 되었을까?

연동교회의 설립연도는 정확하지는 않지만, 언더우드에 의하여 설립된 새문안교회 안에서 무어S.F. Moore, 이길함Graham Lee 등 해외 선교사들이 1894년에 시작한 것으로 보고 있다. 이길함 선교사가 새문안교회를 세운 서상륜, 염준창 등과 같이 연동교회를 처음 세웠다는 기록이 남아 있기 때문이다.

1896년에는 새문안교회의 기보(D.L. Gifford, 1888년 입국)가 연동교회를 맡아 발전을 시키다가 1900년 4월 이질로 세상을 떠났으며, 이어서 캐나다의 게일(J.S. Gale, 1888년 입국)이 부임하면서 연동교회는 눈부시게 발전을 하게 되었다. 당시 해외 선교사들 중에 한국에 와서 이질에 걸려 사망한 경우가 많은데, 이는 그만큼 당시에 식수가 좋지 않았기 때문이었다.

게일은 1888년 12월 25세의 나이에 한국에 와 사역을 하다가 1937년 1월, 74세의 나이로 영국에서 소천할 때까지 선교사이자 교육자로 그리고 저술가로서의 생애를 살았다. 그는 역대상 4장에 나오는 야베스처럼 복에 복을 받았으며 그의 선교와 영향력의 지경은 엄청나게 넓었다.

게일은 1899년 9월 9일까지 원산에서 사역하다가 상경하여 1900년부터는 연동교회를 맡았으며, 1905년에 경신학교, 1909년에 정신여학교를 교회 안에 복원시켜 유

연동교회의 뜰에 게일 선교사의 동상이 세워져 있다.

능한 교인들을 많이 배출시켰다. 1903년에는 황성기독교청년회YMCA를 창설, 각종 한국의 고전 및 성서를 번역하여 선교·교육·저술 분야에서 큰 업적을 남겼다.

게일이 남긴 책자는 워싱턴 국회도서관과 토론토 대학교의 토머스피셔 도서관에 소장되어 있다. 그가 남긴 영문서적 9권과 한국어 저서 30권 등은 한국을 외국에 알리고 외국을 한국에 알리는 역할을 한 저서들이다.

연동교회는 일제시대에 민족운동을 주도한 분들을 배출한 교회인데, 게일이 우수한 청년들을 전도하여 민족의 지도자들로 키운 역사적인 공로도 크다고 보겠다. 독립협회 사건으로 감옥에 갇힌 이상재, 이승만, 유성준, 홍채기, 안국성 등 민족지도자들을 감옥에서 전도하였는데, 이들은 모두 출옥하자마자 연동교회에 등록을 하였다.

연동교회에 이들이 등록을 하자 천민층이 주류를 이루었던 기독교가 상류층에도 전파되는 계기가 되었다. 당시 조선의 지도자들이 게일에게 매료된 것은 종교적인 감화뿐만이 아니라 그의 개화사상과 한국학의 탁월한 지식 때문이었다.

연동교회는 초대 목회자인 게일의 흉상과 1954년 만들어진 종들을 마당에 보관하고 있으며, 1층에 마련된 역사관에는 100여 년의 역사를 보여 주는 사진자료와 책자, 성도들이 아끼던 태극기와 십자가기가 빛바랜 모습으로 보관되어 있다.

연동교회의 성도 중에는 이준(李儁, 1859~1907) 열사도 있다. 그는 1907년 6월 네덜란드의 수도인 헤이그에서 열리는 제2회 만국평화회의에서 1905년 체결된 을사보호조약은 고종황제의 뜻이 아님을 세계에 알리려 하였지만, 일제의 방해로 뜻을 이루지 못하고 분사憤死하셨다.

월남 이상재도 독립협회 초창기부터 이준과 같이 일을 하였으며, 1896년 7월 서재필, 윤치호 등과 독립협회를 조직하여 부회장을 맡았다. 그리고 1919년 3·1 운동 때는 배후에서 독립운동을 돕다가 6개월 간 옥고를 치렀으며, 1927년에는 일제시대의 마지막 항일운동 단체인 신간회新幹會를 조직하였으나 그 해 3월 78세로 별세하셨다.

일제가 지배하던 36년 간 나라의 글과 말 그리고 역사를 모두 말살하려 했지만 성도들이 매일 독립을 위해 기도하였으며, 지도자들을 배출하여 독립운동을 이어 나간 것이었다.

하나님께서 우리 민족을 불쌍히 여기시어 이스라엘을 괴롭히던 애굽의 군대를 홍해의 바닷물에 수장水葬을 했듯이, 간악한 일본 땅에 원자탄의 불 세례를 내려 망하게 하셨다. 우리 스스로의 힘으로는 얻기 어려운 해방을 1945년 8월에 갑자기 주신 것이었다.

세상의 역사는 하나님의 나라를 이루기 위한 하나님의 선교 역사와 맞물려 돌아가기 때문에 하나님이 하시면 되는 것이다. 통일도 어려워 보이지만 하나님이 허락하시면 순식간에 이루어지는 것이다.

### 장로교 역사 사적 1호인 장로교 출판사 건물

연동교회의 뒤쪽으로 가면 한국교회 100주년기념관이 있고 그 안에 1927년에 지은 붉은 벽돌 건물이 한 채 남아 있다. 이 자리는 미국북장로교회의 서울선교부가 넓게 자리를 잡고 있던 곳으로 지금은 다양한 기독교 기관들이 자리잡고 있다. 당시 해외 선교사들이 사용하던 사택 2동 중에 한 동만 남아 있어, 장로교단에서는 사적史蹟 1호로 지정하여 보존을 하고 있다.

다음은 남대문 부근에 있는 상동교회를 찾고자 한다.

장로교회 사적 1호 장로교 출판부 건물이 잘 보존되어 있다.

# 3 민족운동의 요람인 상동교회

서울시 중구 남창동 1 ☎ 02-752-1136
www.sangdong.org

오늘의 상동교회 모습

† 주 여호와의 신이 내게 임하셨으니 이는 여호와께서 내게 기름을 부으사 가난한 자에게 아름다운 소식을 전하게 하려 하심이라 나를 보내사 마음이 상한 자를 고치며 포로된 자에게 자유를, 갇힌 자에게 놓임을 전파하며(이사야 61:1)

상동교회의 1901년도 모습

한국교회 초기의 선교사들과 선조들의 신앙유산을 잘 보존하는 운동이 몇 년 전부터 시작되어 역사의 현장들이 새롭게 단장이 되고 있다.

상동교회는 1900년 초 부지가 2,200평이나 되었으며, 당시로서는 가장 크고 아름다운 성전을 지었다고 한다. 그러나 지금은 그 모습을 사진에서나 볼 수 있으니 안타까운 일이다.

그러나 다행히 7층의 교회에 올라가면 역사관이 있어 교회의 모형과 설립자인 스크랜튼(William Benton Scranton, 1856~1922)의 친필 편지, 미국에서 온 종鐘, 전덕기 목사의 기념비 등이 잘 보관되어 있었다. 상동교회의 역사관을 확장하고 보완한다면 한국교회의 큰 자산이 될 것이라고 생각한다.

상동교회의 옛 모형이다.

## 상동교회의 출발은?

상동교회는 신세계 백화점 조금 못미처 있는 새로나 백화점 7층에 있는데, 이 백화점 자리가 한국 초기 개신교의 의료선교와 독립운동의 발상지로 상징되는 상동교회가 있던 곳이다.

교회가 옛 모습 그대로 보존이 되어 있었다면 아마도 한국교회가 세계에 자랑할 만한 귀한 곳이 되었을 것이라는 생각을 해본다. 상동교회는 스크랜튼에 의하여 세워졌는데, 그들은 1885년 5월 3일 어머니와 같이 한국에 온 모자母子 선교사로 어머니는 이화학당을, 본인은 두 번째 서양병원인 정동병원(시병원施病院)을 설립하였다. 그는 한국에 와 남다르게 가난하고 소외된 계층에 관심이 많아 서대문 밖의 애오개와 남대문과 동대문시장 부근에 약국을 설립하였다.

스크랜튼은 미국의 예일대학과 뉴욕 의과대학을 졸업한 후에 클리브랜드에서 병원을 운영하다가 어머니의 권유를 받고 한국 선교사로 온 분이다. 스크랜튼이 낯선 한국에 올 수 있었던 것은 자신의 야망이 아닌 하나님의 비전을 품은 것과 29세라는 젊음이 있었기에 가능했던 것이었다.

인생에서 참된 기쁨은 자신의 유익을 위하여 사는 데 있지 않고 주님을 따르는 데 있다는 믿음이 아니고는, 자기 민족이 아닌 다른 나라 사람들을 위하여 전생애를 바치기가 어렵다고 생각을 한다.

스크랜튼이 세운 정동병원에 가난한 환자들이 계속 몰려들자, 스크랜튼은 현재의 상동교회 터를 1888년에 병원부지로 매입을 하였다. 스크랜튼이 병원교회를 세우려고 땅을 사고 건물을 개조하여 1888년 9월 9일에 예배를 드렸는데, 이날을 상동교회의 창립기념일로 지켜 오고 있는 것이다.

스크랜튼은 1907년에 '친일파'의 행적을 보인 감리교회의 해리스 감독과의 갈등으로 은퇴를 하고 성공회로 교적을 옮기게 된다. 그는 상동교회를 전덕기 목사에게 인계하고 정동병원 운영, 성서번역과 전도, 이화학당과 배재학당의 설립에도 관여하는 등 다양한 선교활동을 하였다.

1918년부터는 일본의 고베 외국인 병원에서 노동자들을 위하여 봉사하다 1922년 별세하여 고베 외국인 묘지에 안장되었다.

몇 년 전에 고베의 스크랜튼의 묘지를 다녀왔다.

스크랜튼 모자母子는 미국에 가서 모은 기금으로 1901년 5월 12일 새로운 상동교회를 지었는데, 당시에는 이 건물이 서울의 명물이 되어 지방에서도 구경꾼들이 줄을 이었다고 한다. 이 건물은 사진으로만 남아 있으니 광혜원이나 소래교회처럼 복원復元이 되기를 기대한다.

### 전덕기 목사의 역사적 재조명의 필요성

상동교회의 역사관에는 돌비석이 하나 눈에 띄는데, 이 돌비석에는 해방이 되어 중국에서 돌아온 김구 선생이 가장 먼저 찾아와 비석을 붙들고 통곡을 하였다는 일화가 있다. 그만큼 상동교회의 전덕기(全德基, 1875~1914) 목사와 백범 김구 선생님 사이가 가까웠다고 한다. 전덕기 목사가 39세의 젊은 나이에 순국을 하셨는데, 더 사셨다면 민족의 역사가 바뀌었을 것이라는 주장을 하는 분들도 있다.

전덕기 목사는 해외 선교사들의 만류에도 불구하고 상동교회를 민족 독립운동의 요람搖籃으로 만들어 을사보호조약 반대운동과 신민회 조직, 독립협회 활동 그리고 이준 열사의 헤이그 파견 등 대대적인 독립운동을 하였다. 그분이 하신 독립운동의 역사를 재평가하여 후대에게 알리는 작업이 필요하다고 생각을 한다.

전덕기는 어린 시절에 고아로 자랐는데, 처음 접하는 이상하게 생긴 서양 사람인 스크랜튼을 혼내려고 그의 집에 돌을 던졌을 때, 달려 나온 스크랜튼은 오히려 온화한 얼굴로 전덕기 소년을 위로하였다고 한다. 전덕기는 그의 인격에 감화되어 점차 스크랜튼으로부터 예수 그리스도에 대해 배우기 시작하였다고 한다.

1896년 전덕기는 스크랜튼에게 세례를 받고 교회에서 신앙생활과 더불어 민족운동을 전개하기 시작했다. 서재필이 미국에서 돌아와 국운을 회복시키려고 독립신문을 만들고 독립협회를 조직할 때 같이 참여하여 윤치호, 이상재 등과 함께 활동을 하였다.

일제시대 독립운동을 주도하던 상동파를 이끈 전덕기 목사

### 상동청년회의 조직과 활동

전덕기 목사가 일제시대에 민족운동에 깊이 관여하게 된 동기는, 바로 1898년 조직한 엡윗청년회 Epworth League의 활동에서 출발을 한다. 그는 23세의 젊은 나이에도 불구하고 쟁쟁한 독립지사들과 손을 잡고 민족의 독립운동을 전개하여 나갔는데, 1905년에 일본에게 외교권이 박탈되는 을사보호조약이 체결되자 상동교회에 전국적으로 조직된 감리교 엡윗청년회 대표들이 모였다.

김구를 비롯한 이준, 이동녕과 조성환 등이 모여 을사보호조약의 무효를 위한 상소운동을 벌였으며, 이로 인하여 전덕기 목사는 일제에 의하여 모진 고문을 당하게 되었다.

상동교회 박물관에 전덕기 목사를 기리는 비석이 있다.    상동교회 박물관의 종과 전시자료들

    1907년에 상동교회의 지하에서 이준을 헤이그에 밀사로 파견하는 기도회를 가졌으며, 신민회新民會를 조직하여 미국에서 귀국한 안창호와 함께 독립운동을 전개하였다. 1911년부터 일제가 '105인 사건'을 조작하여 신민회 회원들을 구속하고 고문을 할 때 전덕기 목사도 깊은 병을 얻게 된다.

    전덕기 목사가 병으로 누워 있는 동안에도 상동교회에는 전국에서 가장 많은 교인들이 모였다고 한다. 전덕기 목사는 교인들의 간호와 기도에도 불구하고 1914년 3월 28일 39세라는 한창 나이에 순국하였다. 그의 죽음으로 민족운동사에 영원히 빛날 별이 떨어졌으며, 신민회와 상동청년학원도 문을 닫게 되었다. 모세가 이스라엘 민족을 이끌고 애굽에서 나왔으나 모압 평지에서 가나안 땅을 바라보기만 하고 죽은 것처럼, 전덕기 목사는 해방을 보지 못하고 그날을 바라보며 눈을 감았다.

† 너는 여리고 맞은편 모압 땅에 있는 아바림산에 올라 느보산에 이르러 내가
이스라엘 자손에게 기업으로 주는 가나안 땅을 바라보라(신명기 32:49)

상동교회의 역사관에는 1922년 4월, 그의 제자인 최성모가 세운 전덕기 목사 순국 기념비가 남아 있다.

## 상동교회 출신들

일제시대의 독립지사들이 대개 상동교회에서 신앙생활을 한 것을 보면 전덕기 목사의 영향력이 절대적이었다는 사실을 알게 된다.

초대 대통령을 지낸 우남 이승만(李承晩, 1875~1965)도 1904년, 5년 간의 옥고(獄苦)를 치르고 출옥을 한 후에 상동청년회에서 활동을 하다가 미국으로 건너가게 된다.

이동녕은 상동교회에서 전덕기 목사를 만나 신앙생활을 하면서 우리나라 최초의 항일비밀단체인 '신민회'를 창건하였고, 만주에 세워진 최초의 무관학교인 신흥학교 초대교장이 되어 광복군을 기르기도 하였다.

백범 김구 선생도 30세에 상동교회에서 항일독립운동이 비밀리에 진행됨을 알고 이곳을 찾게 된다. 그리고 상동교회에서 이동녕, 안창호와 함께 신민회를 창건하고 44세 때 3·1운동이 일어나자 상해로 건너가 임시정부를 만들게 된다.

우당 이회영(李會榮, 1867~1932)은 1907년 전덕기 목사와 신민회를 조직하였으며, 만국평화회의에 이준 열사가 가게 되자 고종황제의 신임장을 은밀하게 휴대하도록 막후에서 중요한 역할을 하였다.

우강 양기탁은 1903년경부터 전덕기 목사와 함께 신민회 조직과 을사보호조약 반대운동 등에 참여한다. 상동파 인사로는 전덕기 외에 김구, 이동휘, 이동녕, 이준, 노백린, 남궁억, 안태국, 신채호, 최광옥, 이희영, 유실선, 이필주, 이승만, 차병수, 최남선, 이승훈, 이상설, 주시경, 윤치호, 이용태 등이 있으며, 이들이 바로 당시의 독립운동의 주축을 이룬 분들이다.

그 외에도 상동교회의 많은 성도들이 민족운동에 영향을 주어 3·1 만세 운동을 일으키는 데 원동력이 되기도 하였다.

예수님을 잘 믿는 젊은이들은 애국자여야 하는데, 예수님도 망할 이스라엘을 생각하며 우셨고 모세와 바울도 모두 애국자였다. 우리의 현실과 나라의 사정이 어렵다 해도 오직 하나님의 비전을 가질 때, 성공과 실패를 초월하여 우리를 통하여 이루시기를 원하는 하나님의 나라를 이 땅에 펼칠 수가 있는 것이다. 천지를 창조하고 운영하시는 여호와께서 우리 각자를 통해 이루시려는 비전을 갖고 있다는 사실은 얼마나 가슴 설레는 일인가?

다음의 여정은 아현교회를 찾고자 한다.

아현교회

## 4 선한 사마리아인의 사랑 위에 세워진 아현교회

서울 서대문구 북아현동 950 ☎ 02-312-3061
www.ahyun.org

† 어떤 사마리아인은 여행하는 중 거기 이르러 그를 보고 불쌍히 여겨 가까이 가서 기름과 포도주를 그 상처에 붓고 싸매고 자기 짐승에 태워 주막으로 데리고 가서 돌보아 주고(누가복음 10:33-34)

서대문 밖의 아현동 일대는 애오개 고개나 굴레방다

리 같은 향토성이 짙은 지명을 갖고 있는 곳인데, 그 아현 고가도로 옆으로 역사적인 아현교회가 있다.

아현교회는 스크랜튼(William Benton Scranton, 1856~1922)이 성경의 '선한 사마리아인'의 정신을 이 땅에 펼치면서 세워진 교회이다. 아현동 일대는 조선시대에는 애오개 골짜기라고 하여 병든 사람을 갖다 버리거나 죽은 아이들을 묻는 곳이었다고 한다. 곡소리가 끊이지 않던 비극의 장소였으며, 전염병 환자를 치료하는 '활인서活人署'라는 기관이 위치했던 곳이었다.

### 스크랜튼의 선교사의 재평가

죽음의 터, 애오개 고개에 1888년 12월부터 '애오개 시약소'를 만들어 병든 자를 치료하며 복음을 전한 '선한 사마리아인' 스크랜튼의 발자취를 더듬어 보고자 한다.

스크랜튼은 미국 뉴헤이븐에서 태어나, 1878년에 예일대학을 졸업하고 뉴욕 의과대학을 1882년에 졸업함과 동시에 의사가 되었다. 그는 어머니인 스크랜튼의 선교 열정의 영향을 받아 1884년 한국 선교사로 임명을 받고 언더우드, 아펜젤러에 이어 네 식구가 1885년 5월 30일 인천에 도착하였다.

어머니 스크랜튼(Mary Fletcher Scranton, 1832~1909)은 이화학당을 세워 근대 여성교육의 문을 열었고, 아들 스크랜튼은 1886년 정동에 한옥을 구입하여 '베푼다'는 뜻을 가진 시병원施病院을 세웠다.

1887년 10월에는 여선교사 하워드Mets Howord가 와서 여성전용 병원인 보구여관報仇女舘을 만들었는데, 오늘의 이화여대병원으로 발전하게 되었다. 스크랜튼의 병원 설립 구상은 1887년부터 시작된 '선한 사마리아인 병원' 프로젝트로, 버림받은 환자를 진료하고 병원을 통하여 교회를 세우는 것이었다. 그가 설립한 애오개 시약소는 아현교회로, 남대문 시약소는 상동교회로, 동대문 시약소는 동대문교회로 발전하여 100년이 넘는 교회의 역사를 지켜 오고 있다.

스크랜튼은 아현교회의 설립자이며 한국교회와 근대 병원을 개척한 사람이지만,

아현교회를 창립한 스크랜튼 목사의 흉상

그 동안 역사 속에 묻혀 제대로 평가를 받지 못하였다. 1907년에 선교사직을 사직하고 별세한 곳이 일본이었기에 한국교회에서 관심을 갖지 못하였던 것이다. 그는 사직하고도 10년 간 한국에서 선교활동을 계속하였으며, 일본에 건너가서도 한국 노동자들이 많은 고베에서 의료선교를 하다가 1919년에 별세하였다.

아현교회에서는 스크랜튼의 77주기를 맞이하여, 1999년 6월 28일 일본 고베 로코산 외국인 묘지에서 스크랜튼의 기념비를 세웠다.

### 아현교회의 역사적 맥락

스크랜튼이 세웠던 애오개 시약소가 서 있던 곳은 현재의 아현교회 위치가 아닌 종근당 빌딩과 아현 고가도로가 시작되는 부근으로 추측되며, 몇 번 교회를 옮겨 오늘에 이르고 있는 것이다. 아현교회의 첫 한인 목회자는 현순 목사로 민족 운동사나 교회역사에 뚜렷한 업적을 남긴 인물이다.

현순 목사는 1879년 서울에서 태어나 영어를 배운 뒤, 1903년 하와이 이민단의 통역으로 하와이에 건너갔다가 1906년 돌아와 배재학당의 학감學監으로 봉직하였다. 아현교회의 마당에는 스크랜튼의 흉상과 6·25 때 납북된 조상문 목사를 기념하는 비가 세워져 있어, '양을 위하여 목숨을 버리는' 선한 목자들의 신앙을 후손들에게 보여 주고 있다. 조상문 목사는 6·25 때 성도들을 피난 보내고 끝까지 교회를 지키다가 공산군에게 끌려가서 생사가 현재까지 확인되지 않고 있다.

아현교회의 신앙유산인 '선한 사마리아인 정신'은 교회의 전통으로 면면히 흘러 내려오고 있는 것이다. 아현교회는 2008년에 새로운 현대식 교회 건물을 완공하여 재도약의 계기로 삼고 있었다.

다음 여정은 한국교회의 번영에 결정적인 역할을 한 언더우드 선교사의 미션 로드를 걷고자 한다.

† 나의 가는 길을 오직 그가 아시나니 그가 나를 단련하신 후에는 내가 정금 같이 나오리라 내 발이 그의 걸음을 바로 따랐으며 내가 그의 길을 지켜 치우치지 아니하였고 내가 그의 입술의 명령을 어기지 아니하고 일정한 음식보다 그 입의 말씀을 귀히 여겼구나 그는 뜻이 일정하시니 누가 능히 돌이킬까 그 마음에 하고자 하시는 것이면 그것을 행하시나니 그런즉 내게 작정하신 것을 이루실 것이라 이런 일이 그에게 많이 있느니라(욥기 23:10-14)

# 7
# 언더우드 H.G Underwood의 Bible Road

**언더우드의 발자취를 따라서**
1_언더우드의 역사가 살아 숨쉬는 새문안교회와 연세대학교
2_복원된 첫 서양병원 광혜원廣惠院
3_언더우드와 경신학교
4_김포제일교회의 설립과 언더우드의 역할
5_언더우드와 능곡장로교회

기독교 선교 100주년 기념탑

# 언더우드의 발자취를 따라서

† 태초에 하나님이 천지를 창조하시니라 땅이 혼돈하고 공허하며 흑암이 깊음 위에 있고 하나님의 신은 수면에 운행하시니라 하나님이 가라사대 빛이 있으라 하시매 빛이 있었고 그 빛이 하나님의 보시기에 좋았더라(창세기 1:1-4)

인류의 역사를 돌아보면, 그리스도의 복음을 받아들인 개인과 나라는 반드시 하나님이 보시기에 아름답게 복을 받는 것을 보게 된다. 빛 되신 주님이 900여 번의 전쟁과 가난, 기근饑饉 등 갖가지 고난의 역사를 가진

한민족에게 세 명의 해외 선교사들을 보내셨다. 1885년 4월 5일, 그것도 부활절 날…

과거 미전도 국가로 분류되던 한국이 빠른 기간 안에 민주화가 되고 IT 경제강국이 된 것에 기독교의 역할이 절대적인 것을 부인하기가 어렵다.

기독교가 대한민국의 근대화에 끼친 긍정적인 공功이 중·고등학교의 역사교과서의 근현대사 부분에 거의 기술이 되어 있지 않아 안타깝기 그지없다. 우리의 의식구조를 오랫동안 지배하던 유교사상과 민속신앙, 그리고 불교사상의 오랜 전통 속에서도 기독교가 단 100여 년 만에 튼튼한 뿌리를 내리게 된 이유가 무엇일까? 그 궁금증을 풀기 위해서는 19세기 말 조선이라는 땅에 자신의 생애를 걸었던 위대한 젊은 선교사의 믿음의 발걸음을 살펴봐야 한다.

언더우드(Horace Grant Underwood, 1859~1916) 선교사. 그가 조선에 와서 처음 한 것은 흔들리는 자신의 믿음을 위해 끊임없이 "주여! 오직 제게 믿음을 주소서!"라고 기도를 한 것이었다. 그만큼 당시 조선은 가능성이 보이지 않던 황무지였던 것이다.

경인전철을 이용하여 인천역에 내려 월미도로 가는 길목에 기독교 선교 100주년 기념탑이 나온다. 이 자리는 항구였던 곳인데, 미국 북감리교회의 아펜젤러(Henry Gerhart Appenzeller, 1858~1902) 부부와 미국 북장로교회의 언더우드가 1885년 4월 5일 부활절 날 배에서 내린 장소이다.

제물포에 도착한 언더우드의 '뵈지 않는 조선인의 마음'이라는 기도문을 읽어 보자!

"주여 지금은 아무것도 보이지를 않습니다. / 주님, 메마르고 가난한 땅 / 나무 한 그루 시원하게 자라 오르지 못하는 땅에 / 저희들을 옮겨와 심으셨습니다. / 지금은 우리가 황무지 위에 맨손으로 서 있는 것 같사오나 / 지금은 우리가 서양 귀신 양귀자라고 손가락질 받고 있사오나 / 저희가 우리 영혼과 하나인 것을 깨닫고 / 하늘나라의 한 백성, 한 자녀임을 알고 / 눈물로 기뻐할 날이 있음을 믿나이다 / 지금은 그저 경계의 의심과 멸시와 천대함이 가득한 곳이지만 / 이곳이 머지않아 은총의 땅이 되리라는 것을 믿습니다. / 주여 오직 제게 믿음을 붙잡아 주소서!"

믿음은 지금은 보이지 않는 것을 보게 하고 꿈꾸게 하고 마침내 이루게 하는 것이다. 언더우드의 강력한 믿음의 발걸음과 그가 바라본 축복과 은총이 넘치는 땅을, 우리가 지금 보고 있는 것이다.

### 언더우드 선교사는 어떤 사람인가?

한국교회의 은인恩人 언더우드는 1859년 영국 런던의 과학자 집안에서 태어나 영국에서 12년 간 살다가 1872년 온 가족과 함께 미국으로 이민을 왔다. 명문 뉴욕대학을 거쳐 1884년에는 뉴 브런스윅 신학대New Brunswick Theological Seminary를 졸업하고 목사가 된다. 뉴 브런스윅 신학대학은 1784년 북미 최초로 설립된 신학교로 예수님의 사역에 동참하는 많은 선교사들을 배출한 명문 신학교였다.

언더우드는 처음에 인도印度 선교사를 지원하였으나 성령의 음성을 듣고 아펜젤러 선교사 부부와 함께 일본을 거쳐 인천(제물포)에 도착하였다. 그는 곧바로 서울의 중심가인 정동에 정착을 하여 처음에는 알렌이 세운 광혜원廣惠院을 돕다가 '고아원학당'과 '정동교회'를 세웠는데, 이들이 나중에 경신학교와 새문안교회로 발전을 하게 된 것이다. 그는 기독교청년회YMCA와 성서공회 등을 설립하였으며 말년에는 연희전문학교(연세대학교 전신)를 설립했지만, 오랜 동안의 심리적인 압박과 스트레스 및 과로로 인하여 1916년 10월 12일 오후 3시에 미국에서 급사急死하고 말았다.

일본의 강권통치가 강화되고 있을 당시 그의 죽음은 대단히 안타까운 일이었다. 언더우드가 조선에서 고종과의 친밀한 관계를 유지한 것은 조선 선교에 어떤 역할을 하였을까?

언더우드는 고종과 민비의 권위를 신장시키려는 정동구락부貞洞俱樂部에 깊이 관여를 하였다. 당시 친일내각이 정동파의 득세로 몰락을 하는 과정에서 일본은 위기의식을 느껴 러시아와 가깝던 민비를 시해弑害하게 된다. 이 을미사변 후에 언더우드는 신변의 위험을 느끼던 고종을 건청궁(경복궁)에서 헐버트, 애비슨 등과 순번을 정하여 지켜 주기도 하였다.

1910년대에 제작한 언더우드 타자기(한국기독교역사박물관 전시품)

언더우드가 조선에서 고종을 위해서 어떤 일에나 최선을 다한 것이나 독립협회의 일에도 적극 참여를 한 것은, 향후 조선 선교에 긍정적인 영향이 있을 것을 감안한 행보로 볼 수가 있다.

언더우드가 막대한 자금을 한국에 들여와 교회와 학교를 세우는 데는 그의 부친과 형 John T. Underwood의 공이 컸다. 부친은 미국에서 잉크회사와 언더우드타자기 회사를 세워 경영을 하였는데, 형이 사업을 이어받아 미국 굴지의 회사로 발전을 시키면서 동생의 한국 선교에 적극 후원을 하였다.

그의 형은 1903년 언더우드가 선교거점을 정동에서 남대문 부근으로 옮기자 2층 주택을 지어 주었고, 연희동에 연희전문대학을 세울 때도 많은 돈을 후원하여 다른 선교사들은 언더우드를 백만장자 선교사 Millionaire Missionary라고 질투를 하기도 하였다는 이야기가 있다.

형 덕분에 언더우드는 가장 먼저 타자기를 익숙하게 사용하였으며, 1930년에는 언더우드타자기 회사에서 한글타자기도 처음 제작하게 된 것이다.

지금부터는 언더우드의 발자취를 따라가는 여정을 시작하고자 한다.

언더우드는 제물포에 내려 바로 서울의 정동으로 올라와서 조선 선교에 몰두하게 된다.

새문안교회

# 1 언더우드의 역사가 살아 숨쉬는 새문안교회와 연세대학교

서울 종로구 신문로 1가 42 ☎ 02-732-1009
www.saemoonan.org
연세대학교: www.yonsei.ac.kr

† 예수께서 나아와 일러 가라사대 하늘과 땅의 모든 권세를 내게 주셨으니 그러므로 너희는 가서 모든 족속으로 제자를 삼아 아버지와 아들과 성령의 이름으로 세례를 주고 내가 너희에게 분부한 모든 것을 가르쳐 지키게 하라 볼찌어다 내가 세상 끝날까지 너희와 항상 함께

제1회 언더우드 국제 심포지엄 모습

있으리라 하시니라(마태복음 28:18-20)

서울의 광화문 네거리에서 서대문방향 우측으로 가면 새문안교회를 만나게 된다. 서울의 번화한 중심부에 한국교회의 역사적인 현장이 자리를 지키고 있다는 것을 아는 사람은 많지가 않다.

새문안교회에서 2008년 3월 30일부터 설립자인 언더우드의 영성을 기리기 위하여 '제1회 언더우드 국제 심포지엄' 을 개최하였기에 참석을 하였다. 언더우드가 한국에 온 지 123년 만에 그의 영성과 업적을 통하여 한국교회의 미래를 가늠하는 중요한 심포지엄이 열린 것이었다.

심포지엄에 참석한 언더우드 손자 며느리

행사기간 내내 새문안교회와 그의 모교인 뉴 브런스

언더우드 기념비

워 신학대학이 펼치는 '언더우드 프로젝트'가, 앞으로 한국교회의 발전에 지대한 영향을 끼치기 바라는 마음이었다. 새문안교회는 1887년 9월 27일(화) 밤, 서울 정동의 한옥에서 언더우드H.J. Underwood가 14명이 모인 자리에서 서상륜과 백홍준을 장로로 세우면서 설립한 한국 최초의 장로교회이다.

이 한옥韓屋은 언더우드의 개인집으로 현 정동의 예원중학교 자리에 있었을 것으로 추정을 하며, 1907년에 현재의 위치로 옮겨와서 1910년에 1,200명을 수용하는 교회건물을 지었다. 현재의 교회건물의 디자인은 1972년 조선왕조의 마지막 왕손인 이구李玖가 설계를 한 독특한 양식의 건축물이다.

교회 마당에 세워진 언더우드의 공적비를 보고 교회 사료관史料館을 둘러보았다.

사료관에는 언더우드의 사랑채에서 예배를 시작한 초창기 교회와 '다 함께 성경을 읽는' 사경회査經會와 교육사업에 관한 자료들이 잘 비치되어 있었다.

언더우드Horace Grant Underwood가 1886년 고아 한 명으로 시작한 '고아학당'에서 도산島山 안창호(安昌浩, 1878~1939)와 김규식(金奎植, 1881~1950)이 밀러 선교사에게 교육을 받았으며, '언더우드 학당'은 구세학당으로 바뀌었고 현재는 경신학교와 연세대학교로 성장을 한 것이다.

언더우드가 한 일들은 매우 다양한데, 새문안교회와 구세학당을 세워서 교회 교

새문안교회 사료관의 자료들

육을 하였으며 '성경을 읽는 사경회'를 시작하였고, 대한성서공회를 만들어 성서聖書를 보급하였으며 한국 최초의 찬송가인 '찬양가'를 1894년에 만들어 보급하기도 하였다.

새문안교회와 직간접적으로 관련된 교회들이 많은데, 서울의 승동교회, 남대문교회, 연동교회, 안동교회, 묘동교회 등이 있다. 그 외에도 1894년부터는 서상륜 등을 통하여 고양의 잔다리교회, 행주교회, 김포읍교회, 능곡교회, 송마리교회 등 수도권에만 20여 개의 교회들을 차례로 세워 나갔다.

다음은 구세학당의 뿌리에서 나온 연세대학교를 찾기로 하자.

새문안교회 사료관에 전시된 옛 풍금들

연세대 언더우드상

연세대는 언더우드의 건학정신을 어떻게 살리고 있는가?

주님이 주신 '위대한 위임' The Great Committment은 제자를 삼는 것과 세례를 주는 것, 그리고 가르쳐 지키게 하는 신앙교육에 있다. 기독교가 전파되는 지역마다 교회와 학교들이 세워져 나가는데, 한국도 1885년 이후에 선교사들에 의하여 많은 근대학교들이 세워지게 되었다.

대학이라는 단어 University의 어원은 '하나의 진리' One Truth라는 뜻에서 나왔고, 진리는 바로 예수 그리스도인 것이다. 13세기에 옥스퍼드, 파리 대학, 케임브리지 대학도 수도원에서 설립하였으며, 17세기 설립된 미국의 하버드, 프린스턴 등도 신학을 가르치려고

천재시인 윤동주 시비가 교정에 세워져 있다.

설립한 학교들이었다. 언더우드는 25세의 젊은 나이에 한국에 와서 33년 간 사역을 하였는데, 그가 세운 연세대학교의 언더우드기념관과 동상 그리고 아펜젤러 기념관을 둘러볼 필요가 있다.

연세대학교는 현재 명실상부, 한국의 최고 명문대학교로 인정을 받고 있다. 수많은 인재를 양성하여 사회에 배출하는 학교로 언더우드의 건학정신을 오늘에 살리는 일은 연세대 모든 구성원들의 노력여하에 달려 있는 것이다. 서시序詩를 쓴 민족시인 윤동주 시비도 교정에 세워져 있으며, 박물관 앞에 가면 한국 최초의 근대병원인 광혜원이 복원되어 있는 것을 볼 수가 있었다.

광혜원

## 2 복원된 첫 서양병원 광혜원廣惠院
서울 서대문구 신촌동 연세대학교 구내
i세브란스: www.iseverance.com

† 여호수아가 그 요단에서 가져온 그 열두 돌을 길갈에 세우고 이스라엘 자손들에게 일러 가로되 후일에 너희 자손이 그 아비에게 묻기를 이 돌은 무슨 뜻이냐 하거든 너희는 자손에게 알게 하여 이르기를 이스라엘이 마른 땅을 밟고 이 요단을 건넜음이라(여호수아 4:20-22)

한국인은 1900년대 초 평균수명이 30세 정도에 지

나지 않았지만 이제는 80세에 육박하고 있는데, 이는 영양상태가 좋아진 이유도 있지만 의학이 발달한 덕이라고 생각을 한다.

서양의술을 한국에 처음 도입한 사람은 의료 선교사 알렌(Horace Newton Allen, 1859~1932, 한국명 안련安連)인데, 1882년 인천(제물포)에서 조미통상조약朝美通商條約이 체결되자 미국 공사였던 푸트Lucius Foote가 공사관公使館에 소속된 무보수無報酬 의사로 알렌을 채용하게 된 것이었다.

서양의술을 처음 도입한 알렌 선교사의 흉상

미국 북장로교회의 알렌 의료 선교사가 중국 남경南京에서 활동하다가 1884년 9월 20일에 제물포에 도착을 하게 된다. 두 달 후 김옥균 등 개화파가 갑신정변甲申政變을 일으켜 명성황후의 조카 민영익(閔泳翊, 1860~1914)이 부상을 당하는 일이 생겼는데, 알렌이 정성껏 치료를 하여 민영익을 살려내자 고종과 민비는 알렌을 절대적으로 신임하게 된다.

고종은 알렌의 건의를 받아들여 1885년(고종 22년) 4월 10일에 갑신정변으로 사형을 당한 홍영식의 집을 그에게 하사下賜하였는데, 알렌은 이곳에 광혜원이라는 왕립병원을 세우게 된다. 광혜원廣惠院은 '널리 많은 사람에게 은혜를 베푼다'라는 뜻의 제중원濟衆院이라는 이름으로 바꾸었다. 제중원에 많은 환자들이 몰려들자 1904년에 을지로 입구자리로 옮기게 되었고, 광혜원이 있던 홍영식의 집은 현재의 재동이었다고 한다. 현재 재동에 있는 헌법재판소 안에는 600년이 된 백송 한 그

갑신정변이 일어났던 우정총국 건물(사적 제213호)

병원 발전에 많은 후원금을 보낸 세브란스의 흉상

루가 서 있다. 백송 아래에 박규수 집터라는 표지석이 있는데, 근처에 홍영식과 민영익의 집이 가까이 있었다고 한다.

광혜원을 뿌리로 하는 연세대에서, 세브란스 병원 내에 연세대 개교 100주년을 기념하여 1987년 4월에 건물을 복원하여 놓았다. 제중원은 환자의 치료와 해외 선교사들의 선교 거점의 역할을 하였는데, 언더우드와 스크랜튼(W.B. Scranton, 1856~1922), 헤론(John W. Heron, 1856~1890)도 교사와 의사로 일을 시작한 곳이다.

알렌은 1886년부터 제중원 내에서 최초의 의학교육을 실시하여 16명의 의사를 처음 배출하였으며, 1887년 알렌이 선교를 그만두고 외교관이 되자, 헤론이 제중원을 맡아 풍토병의 치료법 등을 연구하여 큰 업적을 남겼다. 당시 알렌과 언더우드는 정치와 선교를 구분하는 문제로 갈등을 겪기도 하였다고 전해진다.

헤론이 1890년 이질로 갑자기 사망을 하자 고종高宗은 마포 양화진에 땅을 하사하였는데, 이로 인하여 선교사와 외국인들을 위한 묘지가 생기게 된 것이다. 역사를 보면 우연과 실수가 오히려 창조적인 일로 연결되는 경우가 많은데, 이것을 세렌디피티Serendipty라고 부른다.

헌법재판소 내의 백송나무가 광혜원의 옛터를 바라보고 서 있다.

목표를 이루려고 헤매고 방황을 하는 중에 위대한 일들이 만들어지는 경우가 많기에, 우리 젊은이들은 두려워하지 말고 암중모색暗中摸索Serendipity할 필요가 있는 것이다.

다음은 언더우드가 설립한 경신학교를 찾고자 한다.

경신학교

# 3 언더우드와 경신학교

서울 종로구 혜화동 5-119 ☎ 02-762-0393
www.kyungshin.cschool.net

† 네가 만일 하나님을 부지런히 구하며 전능하신 이에게 빌고 또 청결하고 정직하면 정녕 너를 돌아보시고 네 의로운 집으로 형통하게 하실 것이라 네 시작은 미약하였으나 네 나중은 심히 창대하리라(욥기 8:5-7)

1886년 5월 11일 석가탄신일의 연등축제가 한창일 당시, 정동의 언더우드의 사택에서 고아학당 설립의 기

경신학교의 정원에 세워진 언더우드 동상

념예배가 열렸는데, 고아 한 명과 알렌, 헤론, 아펜젤러, 스크랜튼 등이 부부동반으로 참석하였다.

현재 예원학교의 운동장 자리에서 출발하여, 1886년 2월에는 현 이화여고 동문東門부근의 한옥 5채를 구입하여 경신학교의 반석을 놓았다. 1887년 6월에는 여자 아이들을 한국 전통에 따라 여의사인 엘러스A.J. Ellers에게 맡겨서 교육을 시켰는데, 이것이 정동여학교가 되었고 1895년에는 연지동으로 옮겨 현재의 정신여자중고로 발전을 하게 되었다.

경신학교는 언더우드 학당이나 예수교 학당, 혹은 민노아 학당 등으로 불리다가 1905년 경신敬神이라는 교명으로 확정되었고, 언더우드, 마펫, 밀러, 게일 등 선교사들이 차례로 학교장을 역임하였다.

경신학교는 1941년에 정릉으로 이전하였다가 1955년에 현 혜화동으로 옮겨 언더우드의 건학정신을 이어 오고 있다.

† 나 여호와가 너를 항상 인도하여 마른 곳에서도 네 영혼을 만족케 하며 네 뼈를 견고케 하리니 너는 물 댄 동산 같겠고 물이 끊어지지 아니하는 샘 같을 것이라(이사야 58:11)

경신학교 졸업생인 안창호 선생을 기리는 비석

### 경신학교 출신은 어떤 분들이 있는가?

경신학교 졸업생 중 일제 시대에 민족운동을 한 사람들이 많은데, 학교의 역사관에 가면 그들의 업적과 자료를 볼 수 있다. 그중에 김규식(金圭植, 1880~1931)과 도산 안창호 선생 등을 살펴보자. 김규식은 1919년 5월 파리강화회의에 독립청원서를 제출하였고 임시정부 시절 외무총장을 지낸 분이다.

김규식은 6세의 어린 고아였는데 '언더우드 학당'에 들어와 위대한 민족지도자로 성장을 하였으며, 언더우드 부부는 김규식을 '존'이라고 부르고 아끼고 사랑하였다고 한다.

일제시대 상해임시정부의 국무총리로 독립운동을 주도한 도산 안창호 선생도 경신학교 출신이고, 3·1 운동 민족대표로 조선총독부에 독립선언서를 제출한 이갑성(李甲成, 1889~1981), 탑골공원에서 독립선언서를 낭독한 정재용(鄭在鎔, 1886~1976), 승동교회에서 3·5 만세운동을 주도한 김원벽, 3·1 만세운동에서 학생들을 주도한 이병주, 독립군 모집을 한 김인서 등도 이 학교의 졸업생이다.

경신학교는 1939년 3월 3일 미국 선교회에서 경영권이 개인에게 넘어갔는데, 현재 혜화동 경신학교는 6·25 전쟁 후에 이전한 건물이다. 정원에는 설립자인 언더우드의 동상과 기념비, 그리고 개교 100주년기념비가 세워져 있다. 학교 정문 왼편에는 도산 안창호 선생의 기념비가 서 있어 그의 정신을 후손들에게 이야기하고 있다.

  한국의 모든 기독교 학교는 건학정신의 본질을 잃지 말고 '예수를 깊이 배우고 예수를 알게 하는 생애'를 살도록 가르쳐야 한다는 생각을 하며 발길을 돌렸다.

† 모든 성경은 하나님의 감동으로 된 것으로 교훈과 책망과 바르게 함과 의로 교육하기에 유익하니(디모데후서 3:16)

언더우드의 영향으로 수도권에 세워진 20여 개의 교회들을 모두 찾기는 쉽지가 않다. 그래서 대표로 김포제일교회와 능곡장로교회를 찾기로 하였다.

김포제일교회

## 4 김포제일교회의 설립과 언더우드의 역할

김포시 북변동 264 ☎ 031-984-2939
www.gimpoch.org

†네 하나님 여호와께서 이 사십 년 동안에 너로 광야의 길을 걷게 하신 것을 기억하라 이는 너를 낮추시며 너를 시험하사 네 마음이 어떠한지 그 명령을 지키는지 아니 지키는지 알려 하심이라(신명기 8:2)

서울에서 강화도로 가는 48번 국도변 왼편에 있는

김포제일교회가, 김포시의 200여 개 교회 중에 첫 교회인 것과 1894년 언더우드 선교사에 의해 세워진 교회라는 것을 아는 분들이 얼마나 될까? 언더우드가 1887년 정동에 새문안교회를 세우게 되자, 김포읍에서 정동에 있는 새문안교회를 다니던 대단한 사람들이 있었다고 한다.

그렇게 먼 거리의 교회에 예배를 드리기 위하여 새벽 2시에 김포읍을 떠났던 사람들은 김영일과 6명의 젊은이들이었다고 하니, 지금 우리의 신앙을 돌아보면 부끄러운 맘이 든다.

고군보를 비롯한 하나님을 섬기는 열정이 대단한 분들이 모여, 1894년에 16칸짜리 가옥을 매입하여 언더우드를 모시고 김포읍교회를 설립하였다. 이들의 적극적인 신앙생활에 감동을 받은 언더우드가 1905년 3월에 11,550m²(3,500평) 대지를 기증하여 교회 건물을 짓게 된 것이었다.

김포읍교회의 설립에는 언더우드의 역할 못지않게 김영일 등 한국 사람들의 역할이 컸는데, 해외 선교사들에 의하여 전래된 기독교가 빠르게 한국에 토착화土着化되는 데는 이들과 같은 한국인들의 강한 종교성과 열정이 큰 역할을 한 것이다. 김포제일교회에서 새로 열린 일산대교를 건너 언더우드가 세운 고양시의 능곡교회를 찾고자 한다.

능곡장로교회

## 5 언더우드와 능곡장로교회

경기도 고양시 덕양구 토당동 56-3
☎ 031-974-7100 www.thanksjejus.co.kr

† 나는 포도나무요 너희는 가지니 저가 내 안
에, 내가 저 안에 있으면 이 사람은 과실을 많
이 맺나니 나를 떠나서는 너희가 아무것도 할
수 없음이라(요한복음 15:5)

김포시에서 한강을 건너면 바로 고양시가 나오는데,
행주대교를 건너 원당을 거쳐서 문산과 개성으로 가는

**젊은 시절의 언더우드의 모습**

길목에 능곡장로교회가 있다.

민족의 젖줄인 한강은 북한강과 남한강이 양수리에서 만나 팔당댐에 이르러 수도권 시민들의 식수를 공급하는 역할을 하고, 김포평야에 농수를 공급하고서 임진강을 거쳐 강화도를 감돌아 서해로 빠져 나간다.

예부터 한강 줄기는 중국의 무역선은 물론 전국 각지를 연결하는 화물선의 이동이 빈번한 곳이었기에, 한강변 행주(현재 행주산성 부근)는 관청官廳과 서원書院 그리고 시장이 번성한 마을이 있던 곳이었다.

언더우드는 시원한 바람을 즐기면서 한강 줄기를 따라 나룻배를 타고 주위를 둘러보다가 행주나루 부근에 교회를 세우게 된 것이다. 그는 교통의 요지인 행주교회를 경기도 북부지역을 복음화하는 거점으로 삼았는데, 약 2km 정도 떨어진 능곡에서도 행주교회를 다니는 사람이 늘어나게 되었다.

행주교회의 젊은이들 중 박운삼, 신용환, 하순철은 이기석의 집에 모여 능곡에도 교회가 세워지기를 간절히 기도하다가 부활절이 가까운 봄날, 정동에 있는 언더우드를 찾아가 능곡에 교회를 설립해 줄 것을 간청하였다. 드디어 1893년 봄에 이기석의 집에서 언더우드를 모시고 첫 예배를 드리니, 이는 한국인에 의한 자발적인 교회설립의 대표적인 예가 되는데 김포제일교회의 설립과 비슷한 경우이다. 과거 분위기상 교회를 설립하는 것이 얼마나 어려운 과정을 거쳤을까 하는 생각을 하면, 단 몇 줄로 그 힘든 과정을 글로 쓴다는 것이 죄송스럽기만 한 것이다.

언더우드는 교육과 선교 등 바쁜 일정에도 자주 능곡교회를 돌아보았으며, 1896년에 토당리에 초가 10칸의 교회당을 건축하고서 새문안교회에서 송순명을 담임 목회자로 파송을 하였다. 능곡교회는 1911년에는 교인 수가 3백 명이 넘게 부흥이 되었으며, 1916년에는 보명학교를 세워 민족정신을 깨우는 지도자를 키우기도 하였다.

1919년 3·1 운동 당시 보명학교 교사인 유현경을 중심으로 독립만세운동을 일으켰는데, 이로 인하여 많은 학교 사람들이 감옥에 갔고 유현경은 60대의 매를 맞다가 결국 사망을 하였다.

보명학교는 1930년 인근에 공립학교가 생기면서 그 곳에 흡수되어 문을 닫았는데, 능곡교회가 하나님을 사랑하고 민족과 나라를 위하여 학교를 세웠으며, 만세운동을 한 역사를 잘 기록하고 보존하였으면 한다.

능곡교회를 비롯하여 많은 교회들을 세운 언더우드는 1916년에 별세하였으며, 미국에 있던 언더우드의 유해遺骸는 1999년 5월, 합정동 외국인묘지에 있는 가족묘지에 이장되었다.

전도서에서 솔로몬은 **"만물의 피곤함을 사람이 말로 다 할 수 없나니 눈은 보아도 족함이 없고 귀는 들어도 차지 아니하는도다 이미 있던 것이 후에 다시 있겠고 이미 한 일을 후에 다시 할찌라 해 아래에는 새 것이 없나니 무엇을 가리켜 이르기를 보라 이것이 새 것이라 할 것이 있으랴 우리 오래 전 세대에도 이미 있었느니라"**(전도서 1:8-10)라고 말하였다.

이는 공동묘지에 묻힌 수많은 사람들의 인생의 의미가 헛되다는 것이지만, 영원하신 하나님을 의지하고 그분 뜻을 이루는 데 평생을 바친 언더우드의 묘지는 다르다는 생각을 하게 된다.

이 시대는 빠른 변화가 주도하고 있어 방향성을 잃기가 쉽다. 우리가 잠시 가던 길을 멈추고 역사의 원점으로 돌아와서 순수하고 거룩했던 모습을 회복한다면, 어떤 고난의 현실도 과감히 극복할 힘을 얻을 수 있다고 믿는다.

# 8
# 베어드(W.M. Baird, 한국명 배위량)의 Bible Road

1_부산의 모母교회, 부산초량교회
2_베어드가 세운 숭실대학교

부산초량교회 역사관

# 1 부산의 모母교회, 부산초량교회

부산시 동구 초량 1동 1005 ☎ 051-465-0533
www.choryang.org

 예수께서 나아와 일러 가라사대 하늘과 땅의 모든 권세를 내게 주셨으니 그러므로 너희는 가서 모든 족속으로 제자를 삼아 아버지와 아들과 성령의 이름으로 세례를 주고 내가 너희에게 분부한 모든 것을 가르쳐 지키게 하라 볼찌어다 내가 세상 끝날까지 너희와 항상 함께 있으리라 하시니라 (마태복음 28:18-20)

항구 도시인 부산 지역의 교회역사 유적답사는, 1892년 11월 7일에 설립된 초량교회를 방문하는 것으로 시작하였다.

부산역에서 지하도를 건너 언덕을 10여 분 오르면, 초량초등학교 부근에 부산에서 가장 먼저 세워진 초량교회를 만날 수 있다. 초량교회는 1892년 미국 북장로교회의 윌리엄 베어드(W.M. Baird, 한국명 배위량)가 설립하였는데, 당시 부산은 미국의 북장로교회와 호주장로교회가 함께 선교를 담당한 지역으로, 1914년부터는 호주 장로교회에서 단독으로 선교를 담당하였다.

부산초량교회 역사관에는 주기철 목사가 사용하던 강대상이 남아 있다.

베어드는 1892년 현 코모도호텔 자리의 땅을 구입하여 영성현 교회를 설립하였으며, 1920년에는 호주선교부 소유의 초량동 땅에 초량교회라는 이름으로 건물을 지으면서 급성장을 하였다.

베어드는 1892년부터 3년 간 부산 지역에서 활동하다가, 대구를 거쳐 서울에서 2년을 지낸 후에 1897년부터는 평양에서 일을 하였다. 1897년 10월에는 한국 최초의 대학교인 숭실대학을 설립하였고, 마펫(S.A. Moffett, 1864~1939)과 함께 평양신학교와 장로교단을 조직하여 한국교회의 기초를 놓는 큰 역할을 하였다.

이 세상을 변화시키는 가장 중요한 수단은 무엇일까? 복음을 전하는 것인가? 사회활동을 하는 것인가?

사실 이 두 가지를 병행하지 않으면 진정한 복된 소식이라고 하기 어렵다. 이 두 가지를 하나로 묶는 것이 기도인데, 우리가 구원과 정의를 위하여 드리는 기도가 강해질 때 복음전도와 사회활동이 본질적으로 연결이

평양신학교 설립자 마포삼열 선교사

되는 것이다. 우리의 오늘이 있기까지 과거의 신앙 선배들의 기도가 있었다는 것을 기억하고, 우리도 미래 세대를 위하여 강한 기도가 필요함을 명심해야 된다. 마펫(Samuel A. Moffett, 한국명 마포삼열)은 누구인가? 평양에 첫 신학교를 세운 마펫은 26세인 1890년 1월 25일 제물포에 도착하여 자신의 집 사랑방에서 방기창과 김종섭 2명으로 신학반을 시작하였고 이것이 '대한 야소교 장로회신학교'로 발전을 한 것이었다. 이 학교가 현재 한국의 목회자들을 양성하는 장신대, 총신대, 한신대, 고신대의 전신前身이 된 학교라고 볼 수가 있다.

마펫이 세운 평양신학교 출신들이 한국 땅에 하나님의 나라를 세우기 위하여 전국에 교회들을 세워 나간 것이다.

마펫은 조선총독부의 신사참배를 끝까지 거부하는 자신을 암살하려는 계획을 미리 알고 1936년에 가방 2개만 들고 급히 미국으로 피신을 하였는데, 끝내 한국으로 돌아가려던 꿈을 이루지 못하고 1939년 10월 24일 캘리포니아주 몬로비아시에서 75세로 숨을 거두셨다.

그의 꿈은 유골으로나마 70년 만에 이루어져 몬로비아시 카핀테리아 공동묘지에서 장신대 교정으로 이장이 되었다. 한강변에 세워진 장신대학교의 한 모퉁이에 그의 묘지와 흉상이 세워져 있다.

초량교회의 제일 위층에 있는 역사관을 둘러보았는데, 오래된 자료들이 잘 보관되어 있었으며 특히 1926년부터 1931년까지 순교자 주기철 목사님이 쓰시던 강대상이 보여 붙들고 기도하다가 나도 모르게 눈물이 흘

장신대 교정에 세워진 마펫 흉상

러 나왔다.

그리고 초량교회의 역사에서 잊을 수 없는 일이 하나 더 있는데, 그것은 6·25 전쟁 중 공산군에 의하여 나라가 풍전등화風前燈火의 운명을 만났을 당시, 부산으로 피난 온 이승만 초대 대통령이 성도들과 초량교회에 모여 나라를 살려 달라고 구국기도회를 가진 일이다. 놀랍게도 기도회 후에 기적 같은 일들이 일어났는데, 미국의 맥아더(Douglas Macarthur, 1880~1964) 장군이 이끄는 16개국의 UN군이 한국전쟁에 참전을 하게 된 것이었다. 완전한 통일은 이루지는 못하였지만 남북이 분단된 상태에서 우리는 민주화와 경제화의 두 마리의 토끼를 잡게 된 것이다.

기도는 가장 강력한 형태의 사회활동이다. 하나님이 직접 기도에 응답을 하시기 때문에 기도회는 촛불문화제보다도 더욱 강한 영향력을 끼치는 것이다. 하나님은 사람을 변화시키고 우리의 미래를 변화시키기 위하여 기도를 사용하신다.

다음은 베어드가 설립한 첫 대학교, 숭실대를 찾고자 한다.

> "역사는 미래가 만들어진다고 믿는 중보기도자들의 몫이기에 상상력을 발휘하면서 새로운 목적에 전적으로 헌신하는 소수의 사람들만 있으면, 미래에 결정적인 영향을 끼칠 수가 있는 것이다." (월터 윙크)

숭실대학교

## 2 베어드가 세운 숭실대학교

서울 동작구 상도동 511 ☎ 02-8200-114
www.ssu.ac.kr

† 주께서 너희를 우리 주 예수 그리스도의 날에 책망할 것이 없는 자로 끝까지 견고케 하시리라 너희를 불러 그의 아들 예수 그리스도 우리 주와 더불어 교제케 하시는 하나님은 미쁘시도다(고린도전서 1:8-9)

베어드가 설립한 숭실대학교를 찾고자 하는 이유는, 민족 사학私學인 평양의 숭실이 근대 문명을 받아들이

옛 평양 숭실대학교 본관으로 통일 후에 복원을 하여야 할 건물이다.

고 기독교 교육을 실시한 첫 대학교이기 때문이다. 숭실은 한국에서 민주주의의 핵심 사상인 '개인의 인격존중'과 '개인의 자유사상', '만민의 평등사상'을 처음으로 교육하기 시작한 곳이다. 기독교가 교회를 세우는 일 못지않게 학교를 세워 민주주의의 사상을 심어 준 업적은 참으로 크다고 하겠다.

서울의 상도동에 위치한 숭실대학교崇實大學校는 1897년 10월 10일 미국의 베어드에 의하여 평양에 설립된 숭실학당을 모체로 하고 있다. 당시에 13명의 학생으로 출발한 숭실학당은 1900년에 중등교육기관으로 발전을 하였으며, 1905년에는 대학부 설치를 대한제국의 정부로부터 인가받았다.

숭실대학은 일제시대 손정도(孫貞道, 1872~1931), 김창준, 박희도, 조만식(曺晩植, 1883~1950) 등 수많은 독립운동의 주역들을 배출하였는데, 일제의 신사참배神社參拜 강요에 반대하다가 1938년 3월 4일 39년 만에 폐교를 당하였다. 숭실 출신들은 해방 후 평양에 학교를 재건할 수 없게 되자, 1954년 4월 한국 전쟁으로 폐허가 된 서울의 상도동에 다시 학교의 문을 열게 된다. 숭실대학이 키운 인재들은 누구일까?

평양 숭실대학은 일제시대에 을사보호조약 반대운동, 3·1 만세운동, 105인 사건, 광주 학생운동, 그리고 신사참배 반대운동 등 다양한 민족운동의 중심지였다. 또한 한반도에 교회를 만드는 전도대를 조직하여 활동을 하였으며, 1910년에는 학생들이 학비를 아끼어 중국에 손정도를 선교사로 파송하기도 하였다. 특히 해방 후에 한국교회의 기둥 역할을 한 한경직, 박형룡, 강신명 목사 같은 분들이 모두 숭실에서 배출한 인물들이다.

한국교회의 역사에서 가장 중요한 1907년의 '평양대부흥 운동' 도 숭실의 강단에서 시작을 한 것이었으며, 숭실인 가운데 일제시대의 문화 암흑기에 애국가를 작곡한 안익태(安益泰, 1906~1965)를 비롯한 박태준, 현재명, 김동진 등은 서양음악의 원류가 되었다.

숭실대학교에는 한경직(韓景職, 1902~2000) 목사를 기리는 기념관이 있는데, 오산학교와 숭실대를 나오시고 영락교회와 대광중고 및 아세아연합신학대학 등을 세워 신앙교육을 통한 민족 복음화의 기초를 세우신 분이다. 한경직 목사의 위대한 점은, 종교노벨상인 템플상을 타는 자리에서 본인이 스스로 신사참배를 한 죄가 있다고 고백을 한 점이다. 하나님은 우리가 일제日帝의 압제로 미래가 안 보일 때 베어드 같은 분들을 보내 우수한 인재들을 양육토록 하여, 독립운동을 비롯하여 근대국가의 틀을 만들게 하신 것이다.

21세기를 맞이하여 숭실대학교는 봉급을 받지 않고 봉사하는 믿음의 이효계 총장을 중심으로 하여 Global Brain을 양성하는 대학으로의 변신을 하고 있다. 어제나 오늘이나 숭실대학교는 하나님께서 주관하시는 대학으로 수많은 난관을 극복하며 '오직 하나님의 영광' 을 위하여 한국을 넘어 세계로 지경을 넓히기를 기도한다.

다음은 부산에서 가까운 대구지역의 역사현장을 찾고자 한다.

# 9

# 애덤스(James E. Adams, 한국명 안의와)의 Bible Road

1_대구의 모교회, 대구제일교회
2_양반골에 세워진 안동교회

# 1 대구의 모교회, 대구제일교회

대구광역시 중구 동산동 234
☎ 053-253-2616 www.firstch.org

옛 대구제일교회의 모습

대구제일교회의 현재의 모습

† 여호와께서 그 성전에 계시니 여호와의 보좌는 하늘에 있음이여 그 눈이 인생을 통촉하시고 그 안목이 저희를 감찰하시도다(시편 11:4)

21세기에도 세계인의 마음을 사로잡는 스포츠는 역시 축구, 야구 그리고 골프임에 틀림이 없는 듯하다. 이들 스포츠에 세계인들이 열광을 하는 이유는 드라마틱한 역전이 있기 때문인데, 야구의 9회 말 역전승, 골프는 마지막 18홀의 버디 그리고 축구의 후반전 종료 직전의 동점골의 흥분이 인기의 비결인 것이다.

2008년 6월 16일, 2008 유럽축구선구권대회에서 터키가 체코에게 1-2로 뒤지다가 3분을 남기고 3-2로 역전승을 거두었다. 같은 날 골프의 황제 타이거 우즈는 2008 U.S. OPEN 마지막 18홀 버디 퍼터에 성공, 역전의 기회를 잡는 바람에 지구촌에 기적을 보여 주었다.

필자가 유적답사를 다니며 얻은 결론은, 우리 예수 믿는 사람의 생애도 이들 스포츠 스타 못지않은 역전승의 인생을 살고 있다는 것이다. 예수 안에 있는 사람이 스타가 되는 이유는 하나님의 보이지 않는 손길로 인생에서 기적의 역전승을 체험하기 때문이다. 오늘 대구지역에 처음 세워진 대구제일교회의 역사를 통하여 하나님을 알고 하나님의 뜻을 이루는 인생이 되고자 한다.

애덤스의 29세 때 모습

대구 시민운동장 부근의 대구제일교회를 찾으니, 1994년 새롭게 건축한 웅장한 성전과 담장 사이에 동산병원, 신명학교, 외국인묘지, 그리고 의료선교박물관 등이 나란히 위치해 있어 둘러보기에 편하였다. 해외 선교사들이 경북, 대구지방의 첫 선교부지로 높은 지대이면서도 가장 중심지를 잡은 것으로 선교전략상 안목이 탁월했음을 알 수가 있다.

미국 북장로교회는 조선의 복음화를 위하여 평양에는 마펫, 서울에는 언더우드, 대구에는 베어드와 그의 처남인 애덤스를 파송하여 전도와 교육, 그리고 봉사활동을 통하여 하나님의 나라를 확장하여 나간 것이었다.

대구에서 첫 복음의 씨앗이 떨어진 곳은 어디일까?

1893년 4월 22일 부산에서 베어드(William M. Baird, 한국명 배위량)가 한약재상들이 모이는 대구 약령시장 골목에서 처음으로 전도지를 나누어 주었으며, 1896년 1월 남문 안에 초가 5동과 기와집 4동을 구입하여 4월에 아내와 함께 이사를 왔다.

베어드는 곧 서울지역으로 발령이 나서 1897년 11월에 베어드의 처남인 애덤스(James E. Adams, 안의와, 1895년 입국)와 부인인 넬리딕에게 교회를 인계하고 떠났다.

같은 해 12월 25일 의료 선교사인 존슨이 와서 대구, 경북지방 최초의 병원인 제중원濟衆院(현 계명대학 동산의료원 전신)을 세워 선교의 기초를 튼튼하게 세웠다.

대구제일교회 최초의 모습

애덤스는 대구와 경북지방의 선교 개척자로, 1923년 한국을 떠날 때까지 경북지역 구석구석을 다니며 전도의 삶을 살았기에 그의 흔적은 넓게 펴져 있다.

애덤스는 대구에 계성학교와 신명학교를 세우고 존슨과 함께 동산병원을 세우는 데 공헌을 하였으며, 장남인 안두화를 비롯한 자녀들은 3대에 걸쳐 한국을 위하여 헌신하는 아름다운 가문을 이루고 있는 것이다.

대구제일교회의 역사를 보면 1896년에 가옥 한 채를 구입하였고, 1908년에는 '야소교회당'을 단층의 건물로 개축을 하였다.

이 교회는 남문안예배당, 대구읍교회, 남성정교회 등으로 불렸는데, 성도들이 늘어나면서 1933년에는 세 번째로 고딕양식의 간결한 붉은 벽돌의 아름다운 성전을 건축하였다. 이는 당시에 한강 이남에서 가장 큰 교회 건물이었으며, '남성정예배당'이라고 부르던 이름을 '대구 제일예배당'으로 바꾸게 되었다. 이 건물은 현재 약령시장 입구인 대구시 중구 남성로 50번지에 있으며, 1991년 대구시 유형문화재 30호로 지정돼 보호되고 있고, 건물 앞에는 1935년 5월 애덤스선교 50주년을 기념하여 세운 비가 세워져 있다.

이곳에서 10여 분 거리에 있는 현 대구제일교회의 터는 옛날에는 공동묘지였다고 하는데, 대구제일교회와 동산의료원, 외국인묘지 그리고 신명여학교 등이 나란히 자리하고 있다.

애덤스선교 50주년 기념비

대구제일교회 마당에서 문을 하나 열고 나가면 바로 대구 최초의 서양병원인 동산의료원이 있는데, 왼편에

1899년에 세워진 동산병원

는 1999년 10월 1일 개원100주년기념종탑이 있다. 전국에서 담장 허물기 운동을 처음 시작하여 병원의 유서 깊은 정문과 중문의 기둥과 담장 일부를 옮겨와 세우고, 그 위에 병원 개척 당시의 교회종들 중 하나를 올려 마치 미술작품과 같았다.

그 앞에는 큰 사과나무가 서 있는데 여기에는 사연이 숨어 있다.

1899년 병원장인 존슨이 미국 미주리주에서 사과를 주문하여 사택에서 재배하면서 주변에 나누어 준 것이 전파되어 대구가 사과단지로 유명하게 된 것이다. 당시에 존슨이 심은 72그루 중 유일하게 생존한 자손 나무인 이 30년 된 사과나무 한 그루를 대구시에서 보호수로 보호하고 있는 것이다.

하나님께서는 선교사들을 통하여 우리에게 복음과 더불어 맛있는 사과를 먹도록 은혜를 베푸신 것이다.

† 하나님의 지으신 모든 것이 선하매 감사함으로 받으면 버릴 것이 없나니 하나님의 말씀과 기도로 거룩하여짐이니라(디모데전서 4:4)

인근에는 아름다운 구조의 돌다리가 보이는데 이는 대구 최초의 외국인묘지로, 애덤스의 부인 넬리딕이 넷째 아이 유산에 따른 후유증으로 1909년 10월 31일 43세의

동산병원 선교박물관

나이로 하나님의 부르심을 받으니 그녀가 이곳에 묻힌 최초의 외국인이었다.

그녀의 묘비에 **"가라사대 물러가라 이 소녀가 죽은 것이 아니라 잔다…"**(마태복음 9:24)라고 기록한 것을 보니 처를 잃은 애덤스 선교사의 고통과 믿음을 보는 것만 같다. 1998년 10월 18일 미국에서 애덤스의 셋째 아들인 조지 목사가 자녀들을 데리고 어머니 묘소를 방문한 신문기사를 본 기억이 난다.

동산병원은 현재는 계명대학교 동산의료원으로 발전하였고, 선교사의 사택들은 의료박물관(대구유형문화재 제25호), 선교박물관(제24호), 교육역사박물관(제26호)으로 보존되고 있는데 중요한 역사자료들이 많아 꼭 둘러보아야 할 곳이다.

신명여학교는 애덤스에 이어 1903년부터 2대 위임목사로 부임한 부르언Henry Muno Buren의 부인이 1907년에 설립한 학교로, 왼편 언덕에 1919년 3월 8일 대구에서 일어난 만세운동을 기념하여 세운 3·1운동 기념비가 세워져 있다.

다음은 대구지역 선교사들의 영향으로 세워진 안동교회를 찾고자 한다.

안동교회 모습

## 2 양반골에 세워진 안동교회

경북 안동시 화성동 151 ☎ 054-858-2000
www.adpc.or.kr

† 그러나 나의 나 된 것은 하나님의 은혜로 된 것이니 내게 주신 그의 은혜가 헛되지 아니하여 내가 모든 사도보다 더 많이 수고하였으나 내가 아니요 오직 나와 함께 하신 하나님의 은혜로라(고린도전서 15:10)

안동시는 예부터 유교가 번성하던 양반골로 도산서원, 하회마을 등이 있는데, 이곳의 전통문화를 보려고 국내외에서 많은 분들이 찾고 있다. 경상북도의 도청이 안동으로 이전이 결정되어 보수적이던 안동시도 커다란 변화가 예고되고 있다.

21세기에는 '포스트모더니즘' Postmodernism과 '다원주의'가 주류를 이루면서 절대진리인 예수 그리스도를 부정하는 상대주의 사상들이 광범위하게 펴지고 있다.

미국에서 성경을 믿는 보수주의 크리스천들도 약 53%가 절대적 진리가 없다고 대답했다는 것이다. 우리는 이런 세상풍조 속에서 예수님의 탁월성에 확신을 가져야 하는데, '예수님의 부활이 탁월성이다'라고 담대히 말할 수가 있어야 하는 것이다. 이는 어떤 종교에도 부활은 없기 때문이다. 부활의 예수님이 성령으로 임하시어 곳곳에 사도들을 통하여 사역의 흔적들을 남기신 것이 바로 기독교유적인 것이다.

안동시에 언제, 어떻게, 누구에 의하여 첫 교회가 세워졌을까?

안동역에서 시청방향으로 10여 분 가면 성소병원이 나타나고, 그 옆의 아름답고 특색이 있는 석조건물이 바로 안동시의 첫 교회인 안동교회이다.

안동교회는 1909년 둘째 주일에 7명의 성도로 시작한 교회이며, 육중한 화강암을 하나하나 다듬어서 지은 문화재급의 석조예배당 건물을 갖고 있다.

현 교회건물은 1929년에 기공하여 1937년 4월 6일 완공됐는데, 건축 당시 해외선교사들이 설계를 하였지만 중국에서 온 건축기술자들에 의해 세워졌다고 한다.

안동교회와 인접한 성소병원과 병원 뒤 높은 언덕 위의 경안성서신학원 등은, 개신교 초기 안동시 복음화를 위한 복합적인 기관이었음을 잘 말해 주고 있다.

안동교회가 세워지기까지의 과정이 궁금하다.

안동지역에 1909년 처음 교회가 세워지기까지는 많은 선교사들과 이들로부터 전도를 받은 한국사람들의 노력이 필요했다.

1903년부터 부산 주재駐在 배위량W.M. Baird과 대구 주재 안의와J.E. Adams, 그리고 베럿W.M. Berret에 의하여 안동 부근에 교회공동체가 생겼는데, 이곳에 국곡교회와 풍산교회, 방잠교회, 영주지곡교회 등이 차례로 세워졌다.

안동일대에 교인들이 늘어나자 1908년에는 안동선교부가 설치되어 쇼텔C.C. Sawtell이 주재駐在 선교사로 임명을 받았다.

대구의 애덤스는 풍상교회 교인 김병인을 전도인으로 파송하여 서문의(현재 대석동 대석상회 자리)에 있던 초가 5칸을 구입해 서점을 열었다. 그 서점에서 김병우 등 7명이 함께 예배를 드린 1909년 둘째 주일이 안동교회의 창립일이며, 1년 후에는 70명으로 성장하는 교회가 된 것이었다.

안동교회는 일제시대 민족의 수난과 함께 했는데, 1919년 3월 18일 안동장날 독립만세운동을 주도하다가 김병우를 비롯한 많은 성도들이 체포돼 옥고를 치렀다. 그리고 안동읍 변두리 여러 지역에 전도대를 파견하고 활발한 활동을 벌이며 수많은 교회를 세우는 등 교회의 못자리 역할을 톡톡히 하여, 송현교회, 수상교회, 이하교회 등을 개척하기도 하였다.

필자는 우리 미래의 주인공인 청소년들이 과거의 역사를 통하여 미래를 읽는 통찰력insight을 갖추기를 바라는 마음에서 이 글을 쓰고 있다. 통찰력이란 사건의 핵심을 파악하는 능력이며, 모름지기 지도자는 통찰력과 상상력imaginative power을 갖추어야 하는 것이다.

안동교회는 3·1 만세운동 후 교회로 모여든 청년들의 신앙활동을 위하여, 안동주재 안대선W.J. Anderson의 지도로 1921년 2월 5일에 기독청년면려회C. E를 처음 조직하였는데, 이것이 고등부와 청년부 그리고 남선교연합회 등으로 발전을 하게 된 것이다.

기독청년면려회에서는 사회봉사를 위해 야간학교, 금주금연운동, 물산장려운동, 문맹퇴치, 농촌사업 등을 전개하였다. 기독청년면려회 운동은 1921년 6월 경북연합대회를 거쳐 전국으로 확산되었으며, 1924년 12월 2일에 서울에서 기독청년면려회 조선연합회가 창립되었다.

안동교회의 경안성서신학원 건물이 성소병원 위 언덕에 잘 보존되어 있는데, 이곳은 1920년 안동읍 금고동에 인노절R.E. Winn 선교사가 단기 성경학교를 설립하여 많은 교회지도자들을 키운 곳으로 지금은 성소병원에서 관리하고 있다.

그리스도인은 하나님 나라의 백성이며, 예수 그리스도는 하나님의 나라를 다스리는 영원한 왕이시다. 우리는 왕이신 그리스도의 부르심을 받은 사람들이기에 신앙선배들의 자취들처럼 선교에 참여하는 일보다 더 값진 일은 없다는 생각을 하게 된다.

'하나님과 함께 선교를 하자!' On Mission With God!라는 인생을 살기 위하여 의지

할 말씀이다.

> †믿음으로 아브라함은 부르심을 받았을 때에 순종하여 장래 기업으로 받을 땅에 나갈쌔 갈 바를 알지 못하고 나갔으며 믿음으로 저가 외방에 있는 것같이 약속하신 땅에 우거하여 동일한 약속을 유업으로 함께 받은 이삭과 야곱으로 더불어 장막에 거하였으니 이는 하나님의 경영하시고 지으실 터가 있는 성을 바랐음이니라(히브리서 11:8-10)

그리스도를 믿는다는 것은 환경의 두려움을 벗어 던지고 성경 말씀에 자신의 생애를 거는 것이라고 생각을 한다. 성경의 말씀은 수천 년에 걸쳐 다양한 사람에 의하여 저술되었지만, 모든 사람들의 삶의 기준으로 적용을 하여도 조금도 부족함이 없는 진리인 것을 믿어야 한다. 성경을 통하여 삶의 귀중한 통찰력을 얻으며, 성경을 통하여 하나님의 뜻을 알고 행할 수가 있는 것이다.

하나님은 어느 누구도 멸망하는 것을 원하지 않으신다. '하나님의 선교'는 하나님의 이름을 영화롭게 하는 것, 하나님의 나라를 건설하는 것, 그리고 세상을 하나님과 화목하게 하는 것이다.

그러나 세상은 너무나 흔들리고 있지 않은가? 중국과 일본은 지진으로 흔들리고, 유가油價가 너무 올라 지구촌 사람들의 경제가 흔들린다. 우리나라는 미국산 쇠고기 수입 문제로 너무나 흔들리고 있다. 특히 근래 전지구를 휩쓰는 금융과 경제위기는 인간의 힘으로 해결할 수 없는 큰 문제들이다. 주님의 재림을 고대하며 기도해야 하는 때가 된 것이다. 지금이야말로 성경을 잡고 기도해야 하는 때인 것이다.

> †하나님은 우리의 피난처시요 힘이시니 환난 중에 만날 큰 도움이시라 그러므로 땅이 변하든지 산이 흔들려 바다 가운데 빠지든지 바닷물이 흉용하고 뛰놀든지 그것이 넘침으로 산이 요동할찌라도 우리는 두려워 아니하리로다(시편 46:1-3)

담대하게 하나님의 선교에 자신의 생애를 드리는 분들이 많이 나오기를 바라며 안동교회를 떠나 충북지방으로 발걸음을 옮겼다.

# 10
# 충북지역 유적답사

1_주막에서 시작한 충북 첫 교회, 신대교회
2_밀러(F.S. Miller, 한국명 민노아)와 청주시 탑동의 양관洋館
3_충주시忠州市의 첫 교회인 충주제일교회

청주, 신대교회

# 1 주막에서 시작한 충북 첫 교회, 신대교회

충북 청주시 신대동 426 ☎ 043-260-0435

†내가 그를 나의 성산으로 인도하여 기도하는 내 집에서 그들을 기쁘게 할 것이며 그들의 번제와 희생은 나의 단에서 기꺼이 받게 되리니 이는 내 집은 만민이 기도하는 집이라 일컬음이 될 것임이라(이사야 56:7)

충청북도에서 가장 먼저 세워진 신대교회가 있는 청

주시를 향하였다. 청주역에서 미호천의 뚝방길에 올라 10여 분을 달려오니 오른쪽에 신대교회의 종탑이 나타났다. 신대교회에 오니 심방을 막 마치고 돌아오신 강신수 목사와 사모가 반갑게 맞아 주었다.

"우리 신대교회는 선교사가 아닌 한국 사람들에 의하여 1900년 10월 3일에 세워진 충북의 첫 교회라는 데 그 의미가 큽니다. 신대리가 지금이야 청주시에서도 외진 곳이지만, 당시에는 이곳이 미호천을 배로 건너 다니던 나루가 있던 곳이라 교통의 요지였다고 합니다."

강 목사가 들려주는 말씀이다.

### 주막에서 교회가 시작된 이야기

미국 북장로교회의 언더우드 선교사는 1894년 김흥경과 함께 용인의 백봉리에, 1895년에는 광주군 신대리에, 1900년에는 죽산군 둔병리屯兵里에 교회를 설립하였다. 그리고 성경을 읽는 부흥사경회를 열어 경기도 남부지역에 복음을 전하는 데 집중을 하였다.

당시 청주의 상인들은 서울과 경기 지방 등 외지에 다니며 행상을 하는 일이 많았는데, 신대리에 사는 오천보, 문성심, 오삼근 등도 행상을 하며 생업을 유지하였다.

이들은 1900년 어느 날 경기 죽산군 둔병리에서 열린 사경회에 참석을 했다가 기독교의 진리를 깨닫고 예수를 믿기로 결심을 하였다. 그리고 동네에 돌아와 사람들을 모아 전도를 하였는데, 반응이 좋아 사람들이 많아지자 나루 근처의 주막을 빌려 예배를 드리게 되었다. 이때가 1900년 10월 3일로 이것이 바로 충북의 첫 교회로 기록된 신대교회의 출발이다.

행상들 몇 사람에 의해 어떻게 신대교회가 세워질 수 있었을까?

당시 신대리 지역은 해주 오씨의 집성촌으로 오천보의 가문은 상당히 영향력이 컸다. 오씨의 족보를 살펴볼 때 그는 양반 가문으로 선비의 전통을 가진 집안사람으로 대접을 받았으며, 그가 행상을 했지만 지역사람들에게 인정을 받은 덕에 주막교회의 출현에 주변의 거부감이 없었던 것이었다.

당시 주막에는 흰 광목천으로 십자가와 태극기를 그려 놓고 예배를 드렸는데, 주막에 모여든 인근의 술꾼들에게는 큰 구경거리가 되었다고 한다.

### 민노아 선교사와 이찬규의 역할

신대교회가 행상 몇 사람에 의하여 시작되었지만, 교회의 틀을 갖추도록 도와준 분은 바로 미북장로교회의 민노아(F.S. Miller, 1866~1937) 선교사로 그는 '충북 기독교 선교의 아버지'라고 불린 사람이었다.

1900년 민노아는 신대교회에 사람들이 많이 모인다는 소식을 김홍경에게 듣고 실정을 파악한 후에 이찬규 전도사를 파송하여 교회를 돕도록 하였다. 이찬규는 주막에 걸어 놓은 태극기와 십자가를 걷고 오천보의 집에 공간을 확보하였다. 그리고 그 집을 예배처소로 삼아 전도사가 중심이 된 교회를 만들었다.

민노아 선교사는 처음 본 신대교회에서 무슨 생각을 하였을까?

아마도 언더우드가 황해도 바닷가에 이미 서상륜에 의해 세워진 소래교회를 보고 "우리는 조선 땅에 복음의 씨앗을 뿌리러 온 것이 아니라 복음의 열매를 거두러 온 것이다"라고 감격한 것과 같은 생각을 하지 않았을까?

신대교회 성도들의 신앙열정은 민노아가 충북 선교의 거점으로 청주를 선택하고 평생을 보내게 되는 결정적인 계기가 되었던 것으로 보인다. 신대교회의 역사에서는 오늘날 돌아보아야 할 두 사람의 전도인을 기억해야 할 것이다. 바로 전도인 윤홍채와 전도부인 이춘성이다.

윤홍채는 전도인이 되어 충북 보은과 괴산 지역에 교회를 설립한 공이 큰 사람이다. 윤홍채는 "어떻게 하면 기근의 날에도 근심으로부터 자유로울까?"라는 간단한 글을 쓴 전도지를 갖고 전도를 하였으며, 1903년에 보은에 법주리교회를, 괴산에는 공림리교회를 개척하였다. 전도지 내용을 보면 1900년 초 조선 땅에 가뭄과 기근이 얼마나 심했는지를 가늠해 볼 수가 있다.

신대교회가 충북의 첫 교회임을 보여 주는 기념비

윤홍채 외에 또 한 분이 있는데 바로 오천보의 아내 이춘성이다. 그녀는 믿음이 돈독하여지자 민노아의 도움으로 1910년 평양신학교에서 수학을 마치고 돌아와 충청지역의 전도에 주력을 하였다.

선교사들은 그녀를 '전도부인' The Bible Woman이라고 칭하였는데, 그녀는 특히 정신병 환자들을 잘 고치는 치유의 은사를 통해 전도에 힘을 보태기도 하였다. 후일에는 민노아와 함께 충청북도 지방을 넘어 충남 아산, 직산, 홍성, 당진, 예산, 온양, 해미 일대까지 전도범위를 넓혀 나갔다.

신대교회의 역사는 민노아가 자세히 기록으로 남겼기에 1985년 2월에 신대교회가 충북의 첫 교회임을 알리는 '기독교전래기념비'가 세워진 것이다. 신대교회의 역사를 돌아보면서 '교회는 예수 믿는 사람들의 공동체임이며 성령의 사역'임을 다시 깨닫게 된다.

역사적으로 보면 교회는 언제나 문제점을 갖고 있었다. 교회의 문제를 해결하는 일은 교회를 세워 나가는 성령님이 하실 일이기에, 우리는 교회의 문제를 통하여 개인신앙의 본질을 회복하는 일이 시급한 것이다.

다음은 충북 선교의 아버지 민노아 선교사의 역사를 볼 수 있는 청주의 양관을 찾고자 한다.

양관, 민노아 기념관

## 2 밀러(F.S. Miller, 한국명 민노아)와 청주시 탑동의 양관洋館

충북 청주시 상당구 탑동 185-1 일신여자고등학교 내
☎ 043-257-7562 www.cjis.hs.kr

†너희가 여호와의 행하신 이 모든 큰일을 목도하였느니라 그러므로 너희는 내가 오늘날 너희에게 명하는 모든 명령을 지키라 그리하면 너희가 강성할 것이요 너희가 건너가서 얻을 땅에 들어가서 그것을 얻을 것이며 또 여호와께서 너희의 열조에게 맹세하사 그와 그 후손에게 주리라고 하신 땅 곧 젖과 꿀이 흐르는 땅에서 너희의 날이 장구하리라(신명기 11:7-9)

청주淸州는 부근에 법주사, 용화사 등의 사찰과 학교가 많은 교육도시로 유명한데, 1377년(고려 우왕 3년)에 흥덕사라는 절에서 세계 최초로 금속활자를 만들어 『직지심체요절直指心體要節』이라는 책을 만든 곳으로도 알려져 있다.

세계 기록문화유산에 등재된 『직지』는 본래 상, 하 2권이었지만 현재는 하권만이 프랑스 국립도서관 동양문헌실에 소장되어 있다. 얼마나 많은 우리의 문화유산들이 세계에 펴져 있을지 안타까운 심정이다.

전통이 살아 있는 청주에도 100여 년 전에 기독교 복음이 전파되어, 많은 교회들이 건립되고 병원과 학교들이 세워져 근대 국가의 초석을 만든 흔적들이 있어 오늘 찾아보고자 한다.

경부고속도로에서 나와 청주시내를 잇는 터널 모양의 아름다운 가로수 길이 명물이다. 청주지역에 세워진 첫 교회는 1901년 청주시 흥덕구 신대동에 위치한 신대교회인데, 청주시에 언제, 어떻게 본격적으로 교회가 설립되었을까?

1904년 미국의 북장로교회에서 파송한 밀러(F.S. Miller 민노아, 1892년 입국)가 청주읍교회를 세우면서 시작이 되었는데, 교회에서는 청남학교도 세워 많은 젊은이들을 양육하면서 하나님의 일꾼을 키워 나갔다.

청주시에 복음화의 터를 만든 밀러(F.S. Miller, 1866~1937)는 어떤 사람일까?

밀러는 1892년에 한국에 와서 언더우드가 세운 고아학당에서 일을 하다가 청주지역을 맡아 선교거점으로 양관洋館을 지은 것이었다. 이 양관들은 1930년대까지 7동이 건축되었으며, 현재는 일신학교 내에 4개동, 바깥에 2동이 보존되어 있다. 청주지역은 예로부터 유교와 불교문화가 강한 곳으로 기독교 복음의 전파에 어려움이 많았던 지역이었지만, 현재까지 해외 선교사들이 사용하던 양관洋館들이 남아 개화기의 독특한 서양식 건물의 모습을 보여 주고 있다.

청주의 양관을 가기 위해서는 경부고속도로에서 청주 IC를 거쳐 청주시를 관통하는 무심천을 건너면 청주교육대학이 나온다. 여기서 육거리를 찾으면 일신여자중고를 쉽게 갈 수가 있는데, 교문을 들어서면 맨 먼저 붉은 벽돌로 지은 서양식 건물을 만나게 된다.

**붉은 벽돌로 지은 노두의 기념관**

먼저 눈에 띄는 건물은 충북유형문화재 제133-5호로 지정된 노두의D.S. Lowe 기념관이다. 이 건물은 1911년 지어진 건물로 소민병원의 의사醫師였던 노두의가 1937년 일제에 의해 해외 선교사들이 강제 출국될 때까지 사시던 숙소였다. 그 앞에는 1906년 양관 중에 가정 먼저 지은 건물인 포사이드 기념관이 있고, 바로 그 앞에는 민노아의 묘비가 있다.

포사이드 기념관은 한국식과 서양식의 양식이 어우러진 아름다운 건물로, 건물의 초석礎石으로 천주교인들이 갇혔던 형무소의 건물을 헐어 가져온 화강석을 사용하여 튼튼하게 건축하였다고 한다.

제일 위쪽에는 3호 양관인 민노아의 가족들이 거처하던 서양식 건물이 있다. 이 건물은 1911년에 지었는데 지하 1층, 지상 2층의 구조이다. 붉은 벽돌로 벽을 쌓고 지붕은 전통 한옥구조로 기와를 덮었는데, 건축 당시에는 청주시에서 가장 아름다운 건물들이었다고 한다.

양관들은 당시의 주민들에게는 신기한 구경거리였다고 하며, 1906년에 일어난 대홍수大洪水 때에는, 주민들이 지대가 높은 양관으로 피난을 와서 선교사들이 복음을 자연스럽게 전할 수 있었다고 한다.

이 땅에 초기 기독교가 들어왔을 때는 교회와 선교사들의 숙소가 가장 발달된 서

포사이드 기념관이 잘 보존되어 있다.

양문명을 보여 준 것이었다. 그 자체가 기독교의 우월성을 보여 주는 것이었다.

우리도 복음을 전파하기 위하여 예수님의 능력을 받아 탁월한 사람으로 성장을 하여야 하며, 예수님이 길과 진리와 생명이 되심을 믿는 강한 믿음을 가져야 하는 것이다.

믿음이라는 말이 요한복음에서만 98번이 나오는데, 그만큼 믿음이 중요하다는 것이며 그 믿음은 부활하신 예수님을 신뢰하는 것이다.

양관에 와 건물의 퇴락한 모습을 보면서, 문화재로 지정은 되었지만 보수補修의 손길이 너무 적은 듯하다는 것을 느꼈다. 한국에 웅장한 교회 건물들은 많아지고 있으나 기독교의 역사 유적들이 황폐한 곳이 많아 가슴이 답답함을 느끼게 된다.

민노아를 비롯한 수많은 선교사들은, 주님의 명령에 순종하여 낯설고 물 설은 이 땅에 와서 예수 그리스도의 생명을 전하는 사명을 잘 감당하고 가신 분들이다.

하나님의 아들, 예수 그리스도는 육신의 몸으로 세상에 오셔서 십자가에서 온 인류의 죄를 대신 짊어지시고 돌아가셨다. 그리고 삼일 만에 부활하시어 지금은 성령님으로 우리와 세상의 끝날까지 동행하시는 하나님이신 것이다. 이것을 믿는 것은 노력으로 되는 것이 아니고 은혜로만 가능한 일이다.

이 하나님께서 주시는 은총을 우리가 받아 누리기만 하면 죄인罪人에서 의인義人

민노아 선교사의 묘비

으로, 실패자에서 성공자로, 가난한 자에서 부유한 사람으로, 지옥 가는 인생에서 천국 가는 인생으로 변화되는 것이다.

우리가 하나님이 주시는 이 은총을 믿음으로 받아 누리면 되는 것이 바로 복음인 것이다. 주님은 겨자씨만한 믿음이라도 있으면 기적이 나타난다고 하셨다.

복음의 원리가 이렇게 단순한데도 불구하고, 오히려 많은 사람들은 특별한 자신의 헌신과 고행을 통해서만 구원에 이르는 줄로 알고 인본주의적인 종교를 만들어 진리이신 예수 그리스도를 믿지 못하게 막고 있는 것이다. 이것은 바로 인류의 영혼을 지옥으로 끌고 가려는 사탄의 전략이기에, 우리가 성령의 능력을 덧입고 기도와 말씀으로 무장하는 것이 얼마나 중요한지 모른다.

다음은 충주시의 첫 교회인 충주제일교회를 찾고자 한다.

충주제일교회

## 3 충주시忠州市의 첫 교회인 충주제일교회

충북 충주시 교현 2동 766-5 ☎ 043-843-3233
www.first21.net

† 너는 센 머리 앞에 일어서고 노인의 얼굴을
공경하며 네 하나님을 경외하라 나는 여호와니
라(레위기 19:32)

우리는 왜 예수를 믿는가?

자신 있는 답을 즉각 내놓을 수 있는지? 모든 인간은

하나님과의 관계 속에서만 살 수 있도록 창조되었는데, 인류가 끊임없이 스스로의 힘으로 살려고 하는 데서 모든 불행이 생기는 것이다. 하나님이 없는 삶을 사는 사람은 결국 불안하게 살다가 영원한 지옥으로 떨어지는 불쌍한 인생이 되는 것이다. 우리가 그리스도를 모시고 살면, 안식하지 못하는 마음이 없어지고 삶을 통한 성취감을 갖는 행복한 삶을 사는 것이다.

오늘 찾을 충주시忠州市는 어떤 도시인가?

충주는 1895년부터 1908년까지는 충청북도의 도청소재지로 행정, 사회, 문화 영역에서 중요한 지역이었으며, 근래에는 반기문 UN 사무총장을 배출한 교육의 도시로 화제가 되고 있다.

조선에 복음이 처음 들어와 전국에 퍼져 나간 경로를 보면, 당시의 교통편이 얼마나 중요하였는지를 알 수가 있다. 1905년 경부선 철도가 생기기 이전, 서울에서 남쪽지방으로 내려가는 길은 크게 세 갈래 길이 있었다고 한다.

그중 하나는 한강의 송파나루를 건너서 경기도 광주와 이천, 장호원을 거쳐 충주에 이르는 길인데, 충주지역에는 이 교통로를 통하여 복음이 전해지게 된 것이었다.

이 지역에 복음을 가장 먼저 전한 사람은 경기도 이천 덕들교회의 박해숙이었는데, 충주에 내려와 넉 달 만에 470여 명의 교인을 얻을 만큼 열심히 전도를 하였다고 한다.

충주지역의 선교는 서원보W.C. Swearer가 사전조사와 면단위로 전도인을 배치하고, 1904년부터 미국감리교의 충청 책임자인 샤프R.A. Sharp와 부인인 사애리시가 이 지역을 맡으면서 본격화되었다.

미국 북北장로교회 선교사들도 1902년부터 한강의 뱃길을 따라 여행을 하다가 충주군 엄정면의 목계 장터에서 임치수에게 복음을 전하고, 1903년에 임치수가 자신의 사랑방에서 예배를 드리기 시작하니 이것이 유봉교회의 출발이다.

미국 북장로교회에서는 1905년부터 청주에서 선교를 시작한 민노아를 돕던 김정현을 충주 금정(현재 성서동)에 파송, 충주읍교회를 설립하여 복음의 꽃을 피우게 하였다.

후에 목사가 된 김정현은 어떤 사람인가?

그는 경기도 용인 사람으로 양친을 여의고 불우한 환경에서 지내다가, 1902년에 민노아에게 세례를 받고 그의 집에 거주하며 경신학교를 다녔다. 그리고 민노아의 기도와 후원 아래 백마령을 넘어 충주에 와서 1907년 8칸의 초가에 충주읍교회를 설립하였다.

장로교회로 출발한 충주읍교회는 이문현이 부임하면서 감리교회가 되었으며, 1915년까지 하구암, 가금, 중앙, 대소원, 삼청, 한지리, 명오리, 수산리, 탄지리교회 등 여러 지교회를 설립하였다. 해외 선교사 민노아와 한국 사람 김정현의 헌신이 충주지역의 복음화에 결정적인 역할을 한 것이었다.

현재 충주제일교회는 충주시 교현 2동 충주실내체육관 앞에 위치해 있는데, 소화춘 목사를 중심으로 '100년의 은혜를 이웃과 함께'라는 대원칙을 세우고 섬김과 나눔 그리고 돌봄, 치유 등 복지목회에 힘쓰는 교회이다.

특히 충주제일교회 노인대학은 그 규모나 질에서 볼 때 전국에서 가장 모범이 되는 곳인데, 현 사회가 고령화 사회로 접어들면서 교회마다 노인목회를 추진하는 것은 아주 바람직한 일이라고 본다.

충주제일교회의 노인대학은 1,200여 명의 입학생을 받아서 영어학과, 보건학과, 음악학과, 컴퓨터학과, 서예학과, 성경학과 등을 운영하고 있으며, 교회 지하에는 노인들을 위한 각종 복지시설을 만들어 건강한 인생을 보내도록 배려하고 있다.

21세기는 변화가 급속히 이루어지는 시대로 나름대로의 차별화된 비전과 전략을 추구하는 공동체여야 발전을 지속할 수가 있는 것이다. 한국교회와 크리스천들은 이제 과거의 의식을 버리고 '큰 생각' Big Think 전략을 갖추어야 한국사회에서 주도적인 역할을 할 수가 있을 것이다. 사단이 지배하는 세상에서 복음을 전하려면 기도와 더불어 '큰 생각' 전략을 세워야 한다.

그리스 신화에 나오는 오디세우스와 아가멤논의 이야기를 생각해 보자. 그리스의 아가멤논은 대군을 이끌고 트로이로 쳐들어갔으나 10년 동안 트로이 성벽을 돌파할 수가 없었다. 마침내 오디세우스가 트로이 사람에게 거대한 목마를 만들어 선물을 하였는데, 목마의 배 안에 숨은 그리스 병사가 몰래 빠져 나와 성문을 열자 그리스 군대가 성안으로 밀려오면서 전쟁이 끝나게 된 것이다. 이같은 트로이 목마의 전략은 큰 생각에서 나왔다고 볼 수 있겠다. 충주제일교회의 노인중심목회 또한 선교를 위한 '큰 생각' 전략이라는 생각을 하게 된다.

우리는 각 분야의 굳게 닫힌 성벽 안으로 생명의 복음을 전하기 위하여, 트로이 목마의 배 안에 들어갈 예수의 군사들, 즉 배짱과 열정, 끈기를 가진 인물들을 교회가 길러야 한다. 과거 우리나라에 수많은 선교사들을 보냈던 나라들의 교회들이 오늘날 어떻게 되어가고 있는지를 생각해야 하기 때문이다.

다음은 전라도지역을 답사하고자 한다.

† 내가 오늘날 복과 저주를 너희 앞에 두나니 너희가 만일 내가 오늘날 너희에게 명하는 너희 하나님 여호와의 명령을 들으면 복이 될 것이요 너희가 만일 내가 오늘날 너희에게 명하는 도에서 돌이켜 떠나 너희 하나님 여호와의 명령을 듣지 아니하고 본래 알지 못하던 다른 신들을 좇으면 저주를 받으리라 네 하나님 여호와께서 네가 가서 얻을 땅으로 너를 인도하여 들이실 때에 너는 그리심 산에서 축복을 선포하고 에발 산에서 저주를 선포하라(신명기 11:26-29)

# 11
# 전라도지역 유적답사(1)

1_유진 벨과 목포 양동교회
2_빛고을의 첫 교회 양림교회

목포 양동교회

# 1 유진 벨과 목포 양동교회

전남 목포시 양동 127 ☎ 061-245-3617

† 자녀이면 또한 후사 곧 하나님의 후사요 그리스도와 함께 한 후사니 우리가 그와 함께 영광을 받기 위하여 고난도 함께 받아야 할 것이니라 생각건대 현재의 고난은 장차 우리에게 나타날 영광과 족히 비교할 수 없도다(로마서 8:17-18)

호남지방에서는 평야가 많아 예로부터 농사를 많이 지었는데, 일제는 이 지방의 쌀을 일본으로 실어 내기 위하여 일찍이 군산과 목포를 항구로 개발을 한 것이었다. 일본인들은 한국을 영구히 지배하고 질 좋은 쌀과 소금, 목재 등을 수탈收奪해 가기 위한 동양척식회사를 만드는 등 악랄한 방법을 강구하였다. 얼마나 많은 목재들이 일본에 실려 갔으면 해방 후에 우리의 산하山河가 그렇게 민둥산이 되었겠는가?

해방 후 산마다 사방砂防공사와 나무를 심는 일에 심혈을 기울인 덕분에 지금은 곳곳에 울창한 숲을 이루어 얼마나 감사한지 모른다. 이제는 북한의 산하를 녹화하는 일이 무척 시급한 일이 되었다. 땅에 나무와 물이 많아 수증기를 하늘로 올리지 않는 땅은, 비가 오지 않아 곧 사막이 되는 것이다. 이와 같이 사람도 하나님의 복을 받으려면 먼저 하나님의 뜻에 맞는 삶을 사는 것이 우선하는 것이다.

유진 벨 선교사의 1898년 모습

자신의 직업에 충실하며 주일날은 교회에서 예배를 드리고, 십일조를 드리며 어려운 이웃을 돕는 단순한 신앙생활이 반복되면서 세월이 가면 복된 인생으로 점차 변화되는 것이다. 복된 인생이 되는 특별한 비결이 있는 것이 아니다.

인천, 목포, 군산, 부산항은 조선시대부터 외국에서 배가 들어오는 길목이었으므로 다른 곳보다는 먼저 복음이 들어온 곳이다. 목포는 1897년 10월 1일 개항을 하였는데, 오랜 침체기를 벗고 이제 서해안 시대를 주도하는 움직임이 완연한 도시가 되고 있다.

이 도시에서 가장 먼저 생긴 교회는 어느 곳일까?

목포에서 가장 오래된 교회는 양동교회인데, 1897년

합정동 외국인묘지 안에 있는 샤로트(유진 벨의 아내 위더스푼) 묘비

가을 유진 벨(E. Bell, 한국명 배유지, 1893년 입국)이 서울에서 이주해 와 만복동(현재는 양동)에 천막을 치고 시작한 교회이다.

양동교회 마당에 서니 조각작품과 같은 유달산의 모습이 손에 잡힐 듯 가깝다.

양동교회는 네모반듯한 돌들로 건축된 교회인데, 1911년에 세워졌다는 사실이 믿어지지 않을 정도로 정교하게 지어졌다. 교회의 규모는 1,000여 명이 예배드릴 수 있는 크기인데, 당시에 이렇게 큰 예배당을 지었다는 것은 성도들의 열정이 대단하였음을 보여 주고 있다.

교회당을 지을 당시 성도들이 유달산의 돌들을 가져다가 다듬어 직접 지었다고 하는데, 남녀가 따로 드나들 수 있도록 출입문이 4군데나 있었다.

양동교회가 목포의 첫 교회라는 기념비가 세워져 있다.

양동교회가 세워진 역사를 살펴보자!

미국 남장로교회 선교부의 파송을 받은 유진 벨과 레이놀즈(W.D. Reynolds, 1892년 입국)가 목포에 왔을 때는 이미 예수를 믿는 사람들이 살고 있었다고 한다. 변창연, 노학주, 김만실 등 20여 명의 성도들이 두 선교사와 함께 교회를 창립하였는데, 이것이 양동교회의 출발이었다.

유진 벨에 이어 오웬 의료선교사와 여선교사인 스트레이퍼Fredrica E. Straeffer가 합류하면서 이곳 목포에서의 의료 및 교육 선교가 활발하게 이루어지게 된 것이었다.

유진 벨은 1903년 9월에 목포정명여학교와 영흥학교를 세우고 1904년까지 양동교회 초대 담임 목사를

목포 양동교회의 뜰에 세워진 박연세 목사 순교비와 선교 107년 기념 비석

맡았다. 그는 1904년 12월 선교 구역 변경으로 광주에 가서 양림교회와 숭일학교, 수피아여학교를 설립하였으며 전남 지방 곳곳에 교회를 개척하는 등 한국교회의 성장에 큰 기여를 하신 분이다.

하나님의 나라를 건설하는 데는 두 가지가 중요한데, 움직이지 못하는 교회를 개척하는 일과 움직여 나가는 선교와 전도를 하는 일이다. 그러므로 교회와 선교단체는 하나님의 나라 건설에 필요한 두 축이 되는 것이다.

유진 벨은 1895년 아내 로티 위더스푼Lottie Witherspoon과 한국에 와서 전라도 지방에서 선교활동을 하였는데, 로티는 1901년 32세의 나이로 세상을 떠나 양화진에 묻혔다.

유진 벨은 재혼한 아내마저 교통사고로 잃는 등 고난이 많았지만, 1898년 우산리교회, 1900년 함평 문장리교회, 1901년 송정리교회, 1902년 장성의 보생교회 등을 차례로 개척하였다.

> † 네가 만일 하나님을 부지런히 구하며 전능하신 이에게 빌고 또 청결하고 정직하면 정녕 너를 돌아보시고 네 의로운 집으로 형통하게 하실 것이라 네 시작은 미약하였으나 네 나중은 심히 창대하리라 (욥기 8:5-7)

정명여학교 내의 박화성 시비

　양동교회의 마당에는 '이곳은 목포에 복음의 씨가 뿌려진 맨 처음 터'라고 기록한 기념비와 '목포선교 107주년 기념비' 그리고 '박연세 목사 순교기념비'가 나란히 세워져 역사적인 교회임을 보여 주고 있었다.
　양동교회의 박연세 목사는 주일날 신사참배를 강요하는 일왕을 비판하는 설교를 하여 투옥되었고 결국 순교를 당하였다. 이처럼 양동교회는 일제의 신사참배가 강요되고 교회들이 통폐합되는 와중에서도 흔들림 없이 교회의 역할을 감당해 온 불굴의 역사를 가지고 있다. 몇 년 전 양동교회에 부임한 정기대 목사께서 노인과 아동들을 위한 지역센터를 세워 주변에 큰 영향을 끼치고 있다.

## 목포의 첫 여학교, 정명여학교

　양동교회에 인근에는 목포의 첫 여성 교육의 산실인 정명여학교가 있다. 정명여학교는 미남장로교회에서 1903년 9월 9일에 설립한 여학교로 목포여학교라는 이름으로 출발을 하였다. 그리고 1912년 1월에 8천 원으로 석조건물 105평을 지으면서 본격적인 발전을 하였으며, 1919년 3·1 만세운동에도 적극 참여를 한 역사를 갖고 있다. 또한 일제의 신사참배 강요가 극에 달한 1937년 9월 2일에 스스로 학교의 문을

정명여학교 100주년기념관

정명여학교 도서관

닫기도 하였다.

　금번 정명여학교에 와 보니 아름다운 유달산을 배경으로 한 교정에는 졸업생인 소설가 박화성의 시비와 1912년에 돌로 건축한 선교사 사택 두 채가 남아 있었는데, 사택의 하나는 중학교의 도서관으로, 다른 하나는 100주년 기념관으로 사용하고 있어 역사의 흔적을 오늘에 보여 주고 있었다.

　정명여학교를 나와서 빛고을 광주시에 세워진 양림교회를 향하였다.

광주 양림교회

## 2 빛고을의 첫 교회 양림교회

광주시 남구 양림동 92-10 ☎ 062-672-1101
www.yangrim.org

† 그러나 나의 나 된 것은 하나님의 은혜로 된 것이니 내게 주신 그의 은혜가 헛되지 아니하여 내가 모든 사도보다 더 많이 수고하였으나 내가 아니요 오직 나와 함께 하신 하나님의 은혜로라(고린도전서 15:10)

프랑스에서 1789년 7월 11일 혁명이 일어났을 때 궁중에 있던 루이 16세는 "이것은 반란이다!"라고 외쳤지

1904년 광주에 세워진 최초의 교회 모습

만, 옆에 있던 신하인 리앙콜이 "폐하 이것은 혁명입니다"라고 대답을 했다는 이야기는 너무나 잘 알려진 역사적 사건이다.

똑같은 사건도 보는 사람의 관점에 따라 혁명 혹은 반란으로 부를 수가 있는 것이다. 역사를 논할 때 어떤 역사관으로 기술하는가가 무척 중요한 것인데, 우리나라의 중등학교 역사교과서는 기독교가 한국의 근대화에 끼친 영향에 대하여 축소 기술을 하고 있어 시정이 시급하다고 보겠다.

역사의 주체가 사람이 아닌 하나님이라는 창조 역사관으로 교회역사를 기록하기 위하여 '빛고을' 광주를 찾았다. 광주는 시의 역사적인 교회와 기관들이 광주천 건너편인 사직공원 부근에 몰려 있어 답사하기에 아주 편한 곳이다.

광주의 첫 교회터에 세워진 광주선교기념비

먼저 찾은 곳은 광주시 여성회관의 정문 옆에 1982년에 세워진 '광주선교기념비'이고, 다음으로는 기념비에서 길을 따라 오르면 나오는 호남신학대학을 찾았다. 그렇게 대학의 구내에 있는 '선교 묘지 동산'을 찾고 수피아여학교와 양림교회를 거쳐서 오웬기념각을 둘러보는 코스를 택하면 아주 좋은 광주 기독교 유적답사 코스가 되는 것이다.

광주선교기념비를 세운 의미는 무엇인가?

광주시에 처음 교회가 세워진 역사를 돌아보면, 1904년 12월 25일 성탄절 날 유진 벨 선교사의 자택에 40여 명이 모여 예배를 드린 것이 광주 첫 교회의 출발이었다.

호남신학대학 내의 선교사 묘지는 유진 벨을 비롯한 많은 분들이 묻힌 곳이다.

　1897년부터 목포에서 유진 벨과 오웬이 선교 활동을 하였는데, 유진 벨은 1904년에 광주시에 선교부를 개척하려고 김윤수를 광주로 파송하였다.
　1904년 성탄절에는 유진 벨의 사택에서 첫 예배를 드렸는데, 그때의 사택이 있던 자리를 찾아서 1982년에 '광주선교기념비'를 세운 것이다.
　선교기념비가 세워져 있는 길을 따라 언덕을 오르면 호남신학대학이 나오는데, 운동장을 돌아 산언덕을 오르면 광주시가 내려다보이는 곳에 '선교 묘지 동산'이 나온다. 이곳은 광주 선교의 개척자인 유진 벨과 오웬을 비롯한 광주, 목포, 순천지역 선교를 위하여 헌신한 분들이 잠들어 있는 성지聖地이다.
　조국도 아닌 이국에서 복음을 위하여 자신의 생애를 마친 분들을 생각하면 우리가 진정으로 조국을 사랑하고 있는지 되묻지 않을 수 없다. 자신과 자신의 조국을 진정으로 사랑하는 사람만이 자신을 비롯한 다른 민족을 사랑할 수 있다는 생각을 해본다.
　오웬은 누구인가?
　그는 1898년 11월 한국으로 파송되어 유진 벨과 팀을 이루어 목포에서 의료선교를 펼치다가 광주로 와서 의료선교에 힘썼다. 그러나 과로로 몸이 약해져 1909년 4월 3일 세상을 떠나 이곳에 묻히게 된다.
　다음으로 유진 벨이 설립한 광주 수피아여학교를 찾았다. 수피아여학교는 기독교

수피아홀이 잘 보존되어 있다.

수피아여고 3·1 만세운동 기념 동상

가 들어온 초기에 세워져 우리 사회가 근대화되는 데 기여한 바가 크며, 3·1 만세운동 때에는 대대적으로 시위에 참여한 바가 있다.

수피아여학교는 1907년 유진 벨의 사택에서 4명의 남녀 학생으로 시작한 학교로, 1908년 정식 학교가 될 때 숭일학교와 수피아여학교로 나뉘게 된다.

수피아여학교는 학생수가 급증하면서 건물이 필요하게 되어 건물 신축을 위해 미국에 모금을 요청하게 되었다. 이때 스턴스 부인이 죽은 여동생인 스피러Speer를 기념하여 헌금을 보냈는데, 이것으로 언덕에 지하 1층 지상 2층의 벽돌 건물을 지었다. 지금까지 이 수피아홀 건물은 잘 보존돼 있으며, 1927년에 두 번째로 건축된 윈스보로홀은 1,420m²(430평)의 붉은 벽돌 건물

유진 벨 선교사 기념교회가 언덕에 남아 있다.

로 지금은 중학교 본관으로 사용되고 있다.

정문에서 오른쪽 언덕에는 작은 규모의 유진 벨 기념예배당이 있는데, 1925년 세상을 떠난 유진 벨을 기념하여 1926년에 건축하였으며 양림동에 거주하던 선교사들의 예배처로 사용되던 건물이다.

강당 앞에 있는 3·1 만세운동 기념동상 뒷면에는 3·1 만세운동이 한창일 때 광주 만세운동에 참여했다가 옥고를 치른 23명의 교사와 학생들의 이름이 새겨져 있다.

자크 아탈라는 『미래의 물결』에서 "후손들에게 아름다운 세상을 물려주기 위하여 미래에 대하여 생각을 하고, 미래가 어디서 오며, 어떻게 행동해야 할지 고민을 해야 한다. 그건 충분히 가능한 일인데, 역사는 어느 정도 예측이 가능하며 일정한 방향성을 지닌 법칙을 따르기 때문이다"라고 하였다.

우리에게 복음을 전한 해외 선교사들을 역사 속에서 만나고 교감하면서 준비하여 해외에 나가 복음을 전하는 일은 매우 커다란 이유가 있는 것이다.

### 오웬C.C. Owen을 기리는 오웬기념각

양림동에 있는 광주의 첫 교회인 양림교회에 들어서면 오래된 교회임을 바로 알

광주시 유형문화재 26호인 오웬기념각

수가 있다. 이곳은 정원이 잘 관리되어 있으며 곳곳에 역사자료를 게시하고 있어 교회역사를 오늘에 잘 전달하고 있었다.

양림교회는 1926년 9월 26일 건축된 붉은 벽돌 건물을 지금도 사용하고 있으며, 이 건물은 옆의 터에 세워져 있는 흰색의 오웬기념각과 더불어 아름다운 조화를 이루고 있다.

오웬기념각은 유진 벨과 같이 광주 선교의 개척자인 오웬Dr. Clement C. Owen을 기념하여 1914년 건축한 2층의 하얀 벽돌 건물이다. 오웬은 1898년 한국에 와서 목포에서 선교활동을 하다 1904년 광주로 옮겨와 선교를 하던 중, 1909년 폐렴으로 갑자기 세상을 떠났다.

오웬기념각은 당시 미국의 친지들이 그를 기념하여 지은 건물인데, 각종 음악회와 연극, 강연 등 문화행사가 열려 광주지역에서는 유명한 곳이었으며 광주시 유형문화재 26호로 지정돼 보호를 받고 있다.

양림교회는 원래 이 자리에 있던 것이 아니었다고 하는데, 유진 벨의 사택에서 시작할 때는 광주교회라고 불렸으며, 교인수가 늘어나자 1906년 6월 북문안의 사창司倉창고 자리로 교회를 이전해 북문안교회라고 불렀다고 한다. 그 교회가 3·1 만세운동을 일으키자 일본 정부가 교회터를 빼앗았으며, 1919년 10월 다시 남문 밖 금정동으로 교회를 옮긴 뒤에는 남문밖교회, 남문교회, 금정교회 등으로 불리게 되었다.

금정교회가 400~500명의 교인들로 비좁아지자, 양림동에 사는 교인 300여 명이 따로 금정교회 당회장인 김창국 목사를 모시고 광주천을 넘어 양림동의 오웬기념각에서 1924년부터 예배를 드렸는데, 이것이 양림교회의 시작이다.

현재의 양림교회 건물은 1926년에 지은 건물이다. 광주의 첫 교회를 양림교회 또는 광주제일교회라고 하는 이유는 두 교회가 금정교회에 뿌리를 두고 있기 때문이다.

유진 벨이 광주에 최초로 세운 광주교회는 세월이 가면서 이전을 하고 이름도 바뀌게 되지만, 양림교회는 그 역사의 뿌리를 지켜 오면서 광주시의 모교회로서의 자부심을 갖고 있는 귀한 교회라고 생각을 한다.

모든 것이 하나님의 은혜임을 믿고 그 은혜에 감사하며 소중히 여기는 사람만이 그 축복을 누릴 수 있다는 생각을 하며 광주를 떠났다.

다음은 전라도 지방의 역사현장을 찾고자 한다.

> † 여호와께서 또 가라사대 내가 그들과 세운 나의 언약이 이러하니 곧 네 위에 있는 나의 신과 네 입에 둔 나의 말이 이제부터 영영토록 네 입에서와 네 후손의 입에서와 네 후손의 후손의 입에서 떠나지 아니하리라 하시니라 여호와의 말씀이니라(이사야 59:21)

# 12
# 전라도지역 유적답사(2)

1_전주 최초의 교회인 서문교회
2_전킨W.M. Junkin과 기전학교와 신흥학교
3_변요한Dr. Preston 선교사와 순천중앙교회
4_노고단 한국주재 선교사 수양관
5_고라복 선교사의 광양읍교회
6_땅끝 마을에 세워진 해남읍교회

서문교회 종탑

# 1 전주 최초의 교회인 서문교회

전주시 완산구 다가동 3가 123
☎ 063-287-3270 www.i-seomoon.or.kr

때에 유다 자손이 길갈에 있는 여호수아에게 나아오고 그니스 사람 여분네의 아들 갈렙이 여호수아에게 말하되 여호와께서 가데스 바네아에서 나와 당신에게 대하여 하나님의 사람 모세에게 이르신 일을 당신이 아시는 바라 내 나이 사십 세에 여호와의 종 모세가 가데스 바네아에서 나를 보내어 이 땅을 정탐케 하므로 내 마음에 성실한 대로 그에게 보고하였고 나와 함께 올라갔던 내 형제들은 백성의 간담을

녹게 하였으나 나는 나의 하나님 여호와를 온전히 좇았으므로(여호수아 14:6-8)

토인비는 인간의 역사를 도전挑戰과 응전應戰의 연속이라고 주장하였다. 성경은 인간의 역사는 우상偶像을 만들고 또 부수는 반복의 역사임을 보여 주고 있다.

구약의 아론은 금송아지 우상을 만들었고, 하나님은 모세를 통하여 우상을 부스러뜨리셨다. 하나님은 이 사건을 통하여 인간의 한계를 알도록 우리를 깨우치셨다. 역사를 보면 르네상스 이래 인류는 인본주의라는 우상 아래 유토피아를 만들려고 하였으나, 하나님은 1, 2차 세계대전을 통하여 인간의 오만傲慢을 꺾으신 것이다.

인간은 계속하여 과학만능과 쾌락주의, 황금만능주의의 우상을 만들어 가고 있다. 그러나 하나님은 천천히 돌아가지만 철저하게 도는 역사의 맷돌을 사용하시어 우상을 부수신다. 최근의 일련의 세기적인 사건들이 줄을 잇고 있다. 미얀마의 사이크론 대참사, 중국의 스촨성의 대지진 재난은 우리에게 무엇을 이야기하는 것일까?

한 중국의 젊은이가 무너진 잔해에 깔린 상태에서 아내와 통화를 하며 살려는 의지를 강하게 나타냈지만 6시간의 구조 끝에 결국 사망을 하는 과정이 생방송되자, 중국인 13억이 모두 눈물을 흘렸다.

이것은 인류가 만들어 놓은 모든 것의 한계를 깊이 인식하고 하나님께 돌아오라는 섭리인 것이다. 고통 중에 하나님의 섭리는 더욱 또렷하여지는 것이다.

우리나라의 전라도지역은 다른 곳에 비하여 고난의 역사로 소외를 받던 곳이다. 이곳에 '우상을 버리고 하나님의 말씀으로 살아야 한다'는 말씀을 전한 첫 발길이 누구였는지 궁금하다. 전라도 땅을 처음 밟은 기독교 선교사는 누구일까?

첫 발길은 호주장로회에서 파송을 받은 데이비스J. Henry Davis였다. 그는 1889년 서울에서 선교지인 부산으로 향해 가던 도중, 충청도와 전라도 지방에 복음을 전하였다. 이어 1892년 말에는 미국 남장로회의 레이널즈와 미국 북장로회의 마펫이 선교지역 책정 문제로 호남의 초입인 공주지방까지 말을 타고 답사한 일이 있었다.

1893년 '미션공의회'에서는 예양 협정Committee Agreements에 의해 선교지역을 배정했는데, 호남지방은 미국 남장로회 선교회의 지역으로 지정指定이 되었다. 미국의 남장로교회는 남북전쟁시에 패배한 지역의 교회들이었기에 그들의 이러한 역사는 호남지방의 민심을 이해하는 데 큰 도움이 되었을 것이다.

당시 호남지방은 동학란으로 민심이 흉흉했고, 거주하던 해외 선교사들은 민심의 동향과 지역 사정에 밝지를 못했다. 해외 선교사들은 미국 공사관에서 활동하는 것을 만류하자, 자신이 나서기보다는 믿을 수 있는 한국인들을 앞세워 선교를 하기로 하였다.

대표적으로 레이널즈 선교사의 어학 선생으로 선교활동을 적극적으로 돕던 정해원鄭海元이 선정되었다. 전주에 도착한 정해원은 복음을 전하려고 온 사람임을 밝히고서 저잣거리를 돌아다니며 민심을 살피는 일과 장터 전도를 하였다. 주일이 되면 자신의 은송리 집에서 가깝게 사귄 사람들과 예배를 드리며 복음을 전하자, 차츰 전주에 신자들이 생기기 시작하였다.

1894년이 되어서 미국 남장로회 선교사인 테이트 남매(L.B. Tate와 M.S. Tate)가 전주지역에 파송되었다. 그리고 1897년 7월 17일 주일에는 레이널즈W.D. Reynols의 집례로 남자 2명과 여자 3명(김내윤, 김창국과 여자 강씨, 임씨, 김씨)이 세례를 받았으며, 이로써 '전주교회'는 한국인 세례 교인이 있는 정식교회로 성립이 되었다.

1897년 9월 주일날, 선교사들 중에 한국말을 가장 유창하게 잘하는 레이널즈의 말씀에 감동을 받은 교인들이 자진하여 예배당 개수改修를 위해 특별 헌금을 하였으며, 9월 19일 주일부터는 해리슨 선교사의 사택을 새롭게 보수한 예배당에서 기쁨과 감사로 예배를 드렸다. 이때부터 '전주교회예배당'이라는 이름으로 부르게 된 것이다.

1897년 선교사들의 사택과 선교부 건물들이 들어설 부지가 은송리 옆 완산完山 지맥支脈자락의 언덕에 위치해 있었다. 그러나 완산이 전주의 주산主山일 뿐 아니라 이씨 왕조李王家의 뿌리인 전주 이씨의 시조 신라 사공新羅 司空, 한翰의 발상지라는 이유로 건축이 금지되었다.

전주 선교부는 조선 정부와의 협상을 통해 선교부 기지의 위치를 완산에서 서북편인 화산華山으로 옮기도록 보상금을 지급받았다. 이로써 완산에 자리잡으려던 선교부는 현재의 엠마오 사랑병원(구 예수병원) 자리의 등성이에서부터 서북편 일대로 뻗은 야산을 지나 현재 신흥학교와 기전학교 등이 있는 곳까지 광범위한 지역에 걸쳐 자리를 잡게 되었다.

1905년에는 지금의 위치인 다가동에 57평의 벽돌집 예배당을 마련하여 '전주서문밖교회'라고 부르게 되었다. 현재의 서문교회는 1983년에 현대식으로 지은 것으로 그 옆에는 1992년에 지은 100주년 기념관이 있다.

서문교회의 입구에는 한국교회의 종탑 중에서 교회 건물과 독립된 것으로는 가장 오래된 종탑이 있다. 이 종탑은 전킨W.M. Junkin 선교사를 기념하여 그의 아내가 1908년에 지은 것이다. 이 종탑의 종소리는 당시 20여 리 너머까지 들렸다고 하는데, 일제시대에 공출을 당하여 현재 종각만 남아 있다. 이 종탑 옆에는 1943년 세워진 교회창립 50주년 기념비가 세워져 있고, 앞에는 교회창립 100주년 기념비가 나란히 세워져 긴 역사와 전통을 보여 주고 있다.

서문교회에는 호남지역의 선교 역사를 한눈에 볼 수 있는 역사관이 세워져 있다. 역사관의 건립 목적은 무엇이라고 생각하는가?

과거의 역사자료만을 보여 주는 기독교 관련 박물관이나 역사관은 화석 전시관과 비슷한 것이다. 과거 복음전파의 역사자료는 반드시 마태복음 24장 14절의 말씀과 연결이 되어야 하는 것이다.

우리 생애의 목적은 무엇인가? 그리고 후회 없는 생애를 사는 길은 무엇일까?

크리스천이라면 누구나 **"이 천국 복음이 모든 민족에게 증거되기 위하여 온 세상에 전파되리니 그제야 끝이 오리라"**(마태복음 24:14)의 말씀을 이루기 위한 복음전파의 사명자로서 살아야 하는 것이다. 크리스천의 사명은 자신의 직업을 통하여 주변의 사람들에게 복음을 전하는 것, 과거 선교사들처럼 복음을 들고 세계로 나가는 것이라고 생각을 한다.

이러한 생각을 하면서 서문교회 앞을 흐르는 전주천을 건너 신흥중·고와 기전여자중·고를 향했다.

## 2 전킨W.M. Junkin과 기전학교와 신흥학교

기전여학교: 전주시 완산구 효자동 3가 393
☎ 063-236-8930 www.kijun.hs.kr

신흥학교: 전주시 완산구 중화산동 186
☎ 063-232-7070 www.shhigh.org

† 여호수아가 여분네의 아들 갈렙을 위하여 축복하고 헤브론을 그에게 주어 기업을 삼게 하매 헤브론이 그니스 사람 여분네의 아들 갈렙의 기업이 되어 오늘날까지 이르렀으니 이는 그가 이스라엘의 하나님 여호와를 온전히 좇았음 이며(여호수아 14:13-14)

호남지역의 최초 여학교인 기전여학교는 1900년 4월 24일 개교한 학교로 전통의 미션학교이다. 미국 남장로교는 1892년 1월에 테이트, 전킨(W.M. Junkin, 한국명 전위렴), 레이놀즈 선교사 등 7명을 한국에 파송하였다. 1900년 테이트의 여동생이 기거하던 화산동 집에서 6명의 소녀들로 시작한 기전여학교는(기전여학교의 설립시기를 1902년으로 보는 의견도 있다), 1908년부터 전킨 선교사를 기념하여 기전여학교로 이름을 바꾸었다.

기전여학교 자리는 일제시대에 신사神社가 있던 자리였으며, 1956년에 화산동에서 현재의 대지로 옮기게 되었다. 기전여학교와 담을 마주 대하고 있는 전주 신흥학교는 1900년 9월 레이놀즈의 사랑방에서 해리슨(W.B. Harrison, 한국명 하위렴)이 어학교사와 함께 어린이 8명을 데리고 '신학문당'을 설립하며 시작되었다.

1904년에는 전주시 중화산동 해리슨의 사택으로 학교를 이전하면서 학교 체계를 잡았다. 1907년 3월부터 '신흥학교'라 명명하였고 9월에는 기와집 8칸을 신축하였다. 현재 신흥학교 구내에는 1936년에 지은 스미스 기념관이 잘 보존되어 있는데, 이

기념관은 리처드슨 부인이 오빠인 스미스가 보낸 돈으로 지은 건물이다. 리처드슨 기념관은 1927년에 지었으나 1982년 화재로 소실되어, 중앙 현관만이 현재 남아 있으며 주춧돌이 입구에 놓여 있다. 이러한 건축물을 잘 보존하고 있는 학교에 감사한 마음을 전하고 싶다. 기전여학교와 신흥학교는 일제시대에 민족의 인재를 양성하는 교육기관으로 독립운동의 거점이 되기도 하였다.

전주 기전여자고등학교

두 학교 모두 1937년 일제에 의하여 폐교를 당하는 순간까지도 크고 작은 민족 독립을 위한 학생운동을 주도한 학교이다. 그리고 부근에 있는 다가공원 안에 1936년에 지은 예수병원 건물이 남아 있으며, 현재 엠마오 사랑병원 건물로 사용되고 있다.

예수병원은 1897년 의료선교사인 잉골드M.B. Ingold에 의하여 설립되었고, 1904년 포사이드가 병원체제를 갖추었다. 이곳은 기독교 역사유적들이 한 곳에 모여 있어 둘러보기 아주 좋은 곳이다. 특히 전라도지역은 기독교 신앙의 역사가 깊은 곳이며 역사의 보존도 다른 지역보다 훨씬 잘된 곳이다.

다음은 순천시와 지리산, 그리고 광양시와 해남 일대의 역사현장을 둘러보려고 한다.

불타 버린 리처드슨 기념관의 중앙 현관이 남아 있다.

순천100주년기념탑

## 3 변요한Dr. Preston 선교사와 순천중앙교회

전남 순천시 매곡동 144-2 ☎ 061-755-9106
www.scjunggang.com

†옛날을 기억하라 역대의 연대를 생각하라 네 아비에게 물으라 그가 네게 설명할 것이요 네 어른들에게 물으라 그들이 네게 이르리로다(신명기 32:7)

순천은 예부터 전라도 지방의 교통의 요지로서 미국

순천중앙교회 옛 모습

남장로교회의 레이놀즈(W.D. Reynolds, 1892년 입국)와 데이트(L.B. Tate, 한국명 최의덕) 등 많은 분들이 복음의 씨를 뿌린 곳이다.

순천의 모교회인 순천읍교회(현 순천중앙교회)는 1907년 4월 15일에 변요한 선교사가 첫 당회장으로 부임을 하여 약 10년 간 시무를 하던 곳이다. 처음으로 예배를 드린 곳은 금곡동 향교샘 부근의 양사재養士齋였는데, 이곳은 일본군에게 빼앗기고 현재의 위치로 이사를 한 때는 1910년이다.

변요한 선교사는 순천읍교회와 부근에 설립한 100년 전통의 매산학교를 선교와 교육의 터전으로 가꾸는 데 헌신을 한 분이다.

매산학원은 100년의 역사를 이어 6만여 명의 졸업생을 배출한 학교가 되었다.

또한 1921년 변요한 선교사는 집에서 신앙교육을 위하여 성경학교를 시작하였는데, 후에 순천성서신학원으로 발전하여 1,600여 명의 졸업생을 배출하였다.

순천읍교회를 시작으로 고흥의 신흥리교회, 여천의 우학리교회, 순천의 용당교회 등이 세워져 나가게 된다. 이들 교회들의 성도들은 일제의 신사참배 강요, 여수·순천사건, 6·25 전쟁을 거치면서 엄청난 고난과 순교의 역사를 물려주었다.

순천을 비롯한 전라도 지방의 교회역사 속에는 수많은 선교사들과 신앙선조들의 순교와 희생이 묻혀 있다. 우리는 앞으로 차분히 시간을 갖고 한국교회의 역사 속에서 독특한 영성을 발굴하여 기록하고 후대에게 전하여, 미전도 종족에게 복음을 전할 때 중요한 자료로 활용을 해야 한다.

　순천중앙교회의 마당에는 2007년 세운 '100주년기념탑'에 첫 당회장인 변요한 목사를 기리는 얼굴 부조浮彫가 들어 있다.

　앞으로 순천중앙교회를 거쳐서 부근에 있는 '한국기독교 선교 역사박물관'을 방문하고, 변요한 선교사가 관리하던 지리산 노고단의 '해외선교사 수양관터'를 가 보려고 한다. 이곳들은 상당히 중요한 기독교 유적지이기에 기대하는 바가 매우 크다.

노고단 선교사 수양관

# 4 노고단 한국주재 선교사 수양관

†이스라엘 사람들이 미스바에서 나가서 블레셋 사람들을 따라 벧갈 아래에 이르기까지 쳤더라 사무엘이 돌을 취하여 미스바와 센 사이에 세워 가로되 여호와께서 여기까지 우리를 도우셨다 하고 그 이름을 에벤에셀이라 하니라
(사무엘상 7:11-12)

오랫동안 마음으로만 계획하던 지리산의 유적지를 답사하기 위하여 기차로 남원역에 도착하였다. 남원에 도착한 후 일단 유명한 남원추어탕을 한 그릇 즐기기로

마음을 먹었다.

　식사 후에 광한루 건너편의 숙소에서 하루를 묵은 뒤 함양, 거창 방향으로 가다가 인월을 거쳐 뱀사골에 있는 국립공원 관리사무소에 도착하니 눈이 약간 덮여 있었다. 산골짜기에 감나무마다 붉은 홍시가 매달려 있어 참으로 오랜만에 한국적인 정서에 흠뻑 빠져 보았다. 예부터 까치밥이라 하여 감나무 꼭대기의 홍시紅柿를 남겨두었던 조상의 지혜를 생각하게 된다.

　지리산관리사무소 내에는 6 · 25 전쟁기념관이 있어, 6 · 25 전쟁시 공비토벌에 관한 자료들이 잘 전시되어 있었다. 앞마당에는 공비토벌작전 중 사망한 6,333명 국군용사들의 공功을 기리는 국군토벌대의 전쟁참여기념비가 세워져, 해방 후에 일어난 좌우 이념전쟁의 후유증을 보여 주고 있었다.

　이곳 뱀사골은 6 · 25 전쟁시에 북으로 퇴각하지 못한 북한군이 지리산에 숨어들었는데, 이들을 소탕하기 위한 국군토벌대가 주둔하던 곳이다. 민족상잔의 아픈 역사를 간직한 이곳에 연간 100만 명이나 되는 관광객들이 다녀간다고 한다.

### 명산名山 지리산 이야기

　지리산智異山은 한국의 5대 명산에 들어가며 3개 도, 4개 군과 1개 시, 그리고 14개 면에 접하는 웅장한 산이다. 천왕봉(1,915m)과 반야봉(1,734m), 그리고 노고단(1,507m) 세 봉우리가 우뚝 서 있으며, 노고단 부근은 약 30만 평의 드넓은 고원이 펼쳐져 있어 갖가지 야생화가 천국을 이루고 있는 곳이다.

　노고단은 '늙은 시어미 제사를 드리는 터'라는 말인데, 전망과 경관이 아름다워 신라시대에는 화랑花郎들이 심신을 수련하고 제사를 드리던 곳이다. 봄에는 철쭉, 여름에는 노란 원추리가 피며 가을에는 단풍, 겨울에는 설화가 피어서 아름다움의 극치를 이루는 곳이다. 부근에는 종석대, 관음대, 집선대, 문수대, 청연대, 만복대 등 명승지가 둘러서 있어 사계절 최고의 관광지로 인기를 끌고 있다.

　우리 민족의 안식처이며 기개를 단련하던 노고단은 일제시대와 6 · 25 전쟁을 거치면서 수난과 아픔을 겪게 된다. 민족의 성지이며 낙원인 이곳은 일제시대 해외 선교사들의 별장이 52채나 들어서 있었던 곳이며, 한여름에도 맑은 물이 샘솟고 내를 이루는 빼어난 절경을 가진 곳이다.

노고단 선교사 수양관터에서.

### 복원을 기다리는 중요한 기독교 선교유적지

선교사 별장지대는 호남을 비롯한 전남 동부 6개 군의 교회 전진기지로, 목회자들에게는 심신을 치료하는 슈바이처 역할을 한 곳이었다. 미국의 남장로교회 순천 선교부가 1892년부터 한국 선교를 하는 중에 해외 선교사와 가족들 34명이 수인성 병과 풍토병에 걸려 희생이 되었다.

당시 이들이 한국 풍토에 적응하지 못한 상태여서, 병이 나면 치사율이 50%가 넘어 한때 본국으로 소환을 고려하다가 조선총독부 및 동경제국대학과 교섭하여, 1920년에 노고단 일대를 임대하여 쉴 수 있는 공간을 마련하게 된 것이었다. 1920년부터는 국내외의 선교사 가족들이 교대로 올라와 쉬면서, 성경을 번역하거나 수양회를 가져 건강과 영성을 회복하기도 하였다.

미국 남장로교 선교부는 호남을 중심으로 450여 개의 교회와 5개의 병원, 한센씨병 및 결핵퇴치 사업소, 8곳의 중고등학교를 세우는 등 이 지역 근대화의 추춧돌 역할을 담당하였다.

하지만 해방 후 1948년 10월 일어난 여수 · 순천사건 당시 이곳을 좌익 세력이 거점據點으로 활용하였는데,

노고단 선교사 수양관 안내판

국군토벌대가 빨치산의 거점이 되는 것을 막기 위하여 이곳 별장들을 모두 불태워 버린 것이다. 옛 수양관 건물은 흔적만이 남아 있고 당시의 울창했던 수풀도 불에 타, 수양관 부근은 지금도 싸리를 비롯한 관목류만이 서식하고 있다.

옛날에는 노고단을 오르는 길은 화엄사로부터의 가파른 10km의 오솔길뿐이었다. 헉헉대며 꼬박 4시간을 올라야 하던 노고단은 이제 성삼재 휴게소에서 걸어 한 시간이면 도착이 가능하다. 그만큼 산이 망가진 덕택인 것이다.

노고단 대피소 밑에 이르니 길가에서 '한국주재 선교사 수양관'이라는 안내 간판과 복원도를 만날 수가 있었다. 그리고 그 위에 일부만 남은 돌 건물이 한 채 눈에 들어왔다. 1925년부터 1926년에 지은 옛 건물인데도 벽난로 등이 설치된 것을 보면 현대적인 건물 구조임을 확연히 알 수 있었다.

이곳에서 무릎을 꿇고 기도를 하는데, **"그들은 오래 황폐하였던 곳을 다시 쌓을 것이며 예로부터 무너진 곳을 다시 일으킬 것이며 황폐한 성읍 곧 대대로 무너져 있던 것들을 중수할 것이며"**(이사야 61:4)의 말씀이 떠올랐다.

수양관 안내판의 내용을 읽어 보기로 하자.

"1920년 아직도 어둠이 짙었던 이 땅에 이웃 사랑을 실천하고 복음의 빛을 비추고자 미국남장로교회 선교사들을 비롯하여 여러 외국선교사들이 영호남 지역에 발을 딛게 되었다. 그들은 이 지역에서 의료봉사, 육영사업, 간척지 조성 등 봉사활동을 통하여 지역발전에 이바지하면서 선교사역에 힘을 썼다.

여기 흔적만 남은 이 유적은 신앙교육, 선교사간에 단합, 그리고 교회지도자의 수련활동을 하던 곳으로 변요한Dr. Preston 선교사의 책임하에 1925년부터 1926년에 걸쳐서 세워진 것이다. 그러나 6·25 전쟁으로 부득이 철거가 되고 지금은 수양관의 예배실만이 폐허가 된 채 남아 있다."

## 휴 린튼의 업적을 기리며

이 역사적인 수양관과 인연을 가졌던 여러 선교사들 중, 특히 3대에 걸쳐 이 땅을 섬기다가 순직한 휴 린튼(Hugh Linton, 1926~1984, 한국명 인휴) 선교사를 잊을 수가 없다. 그는 최후까지 이 수양관을 관리하다가 순직하였는데, 부친은 린튼(W.A. Linton, 1891~1960) 선교사로 대전에 한남대학교를 설립하신 분이다. 린튼 선교사는 전라도 지방의 대표적인 의료선교사인 유진 벨의 사위가 되는 분이다.

휴 린튼은 해군장교 출신으로 6·25 전쟁 때 인천상륙작전에 참가하였으며, 순천 결핵요양소를 설립하는 등 전라도 지방에서 많은 선교활동을 한 분이다. 그리고 현재의 광양제철소 터는 린튼이 선교지원비로 간척사업을 벌였던 곳이기도 하다. 휴 린튼의 자녀인 스티브 린튼과 존 린튼은 유진 벨 재단을 만들어서 지금도 북한동포를 돕는 일을 하고 있다.

이곳을 한국교회 유적지로 복원을 하여, 초기 선교사들의 업적을 기리고 각종 수양회를 개최하는 장소로 만들기를 바라는 마음이다. 그러나 현실은 건물터의 소유권이 서울대학교 연습림으로 넘어가 있고, 국립공원과 불교계 등의 반대로 복원이 쉽지가 않다고 한다.

이들과 24년 간의 외롭고 긴 싸움을 하고 있는 린튼가의 4대손인 인요한 박사와 사단법인 기독교유적지보존연합의 안금남, 손영기 목사의 건투를 바라는 마음이다. 아울러 한국교회가 이제 총단결하여 노고단의 해외 선교사 수양관과 왕시루봉의 별장을 복원할 수 있기를 간절히 바라는 마음이다.

†내가 노하여 너를 쳤으나 이제는 나의 은혜로 너를 긍휼히 여겼은즉 이방인들이 네 성벽을 쌓을 것이요 그 왕들이 너를 봉사할 것이며 네 성문이 항상 열려 주야로 닫히지 아니하리니 이는 사람들이 네게로 열방의 재물을 가져오며 그 왕들을 포로로 이끌어 옴이라 너를 섬기지 아니하는 백성과 나라는 파멸하리니 그 백성들은 반드시 진멸되리라(이사야 60:10-12)

찬바람에 고단한 몸을 이끌고 노고단에서 내려와 구례 방향으로 가는 길에 지리산 게르마늄 온천에 들러 등산에 지친 몸을 담그니 피로가 확 풀렸다. 남원에 오면 광한루를 구경하고 남원의 명산품인 전통 칼을 한 자루 구입해야 한다기에 칼 한 자루를 구입하였다.

다음은 고라복 선교사가 세운 광양읍교회를 찾고자 한다.

광양읍교회

## 5 고라복 선교사의 광양읍교회

전남 광양읍 목석리 620-1 ☎ 061-761-2431 www.gyeup.com

† 또 네가 많은 증인 앞에서 내게 들은 바를 충성된 사람들에게 부탁하라 저희가 또 다른 사람들을 가르칠 수 있으리라 네가 그리스도 예수의 좋은 군사로 나와 함께 고난을 받을찌니 군사로 다니는 자는 자기 생활에 얽매이는 자가 하나도 없나니 이는 군사로 모집한 자를 기쁘게 하려 함이라(디모데후서 2:2-4)

고라복 선교사가 만들어 사용하던 전도지(1922년)

전남지방의 교회역사를 살펴보는 길에, 광양시에서 가장 오랜 역사를 지닌 광양읍교회의 발자취를 살펴보고자 한다.

광양의 복음화는 목포와 광주 선교의 개척자인 유진 벨Eugene Bell과 순천 선교의 개척자 변요한Preston의 사역 속에서 그 연결고리를 읽을 수가 있었다.

유진 벨 선교사는 목포 선교를 1898년에 시작하였으며, 1903년부터 미국 플로리다 출신의 변요한 선교사가 가담하게 된다. 그리고 변요한 선교사는 광주에 와서 벨 선교사가 세운 숭일학교의 초대 교장으로 일하면서 벨 선교사와 같이 순천지역에 전도를 같이 다녔다.

이들은 순천지역을 인근 섬지역 복음전파의 거점으로 보고 1910년에 순천 선교부를 설치하였고, 1913년부터는 변요한 선교사와 고라복 선교사 가족이 광주에서 순천으로 이사하게 되었다.

이런 과정에서 광양읍교회는 1908년 9월 15일 광양읍의 읍내리 11번지에 있는 목조건물을 매입하여 고라복Robert Coit 선교사가 창립예배를 드림으로써 시작한 것이다.

고라복 선교사는 1907년 한국에 와서 광주 선교부와 순천 선교부에서 주로 일했고, 두 아들이 이질로 사망을 하였음에도 보성과 장흥지방에 많은 교회를 세우고 1932년 아내와 미국으로 다시 귀국한 분이다.

현재 광양읍교회는 목성리에 성전을 건축하여 이주를 하였지만, 개척 당시의 교회자리인 읍내리에 1938년 3월 고라복 선교사 기념예배당의 이름으로 건축한 교회당이 잘 보존되어 있으며, 앞으로 역사기념관으로 만들기 위하여 김재민 장로가 중심이 되어 일하고 있다.

## 역사에 묻혀 있는 조상학 목사의 순교

광양읍교회의 역사를 보면 한국교회 역사에서 가려진 중요한 한 사람을 찾을 수 있다. 그는 바로 유진 벨 목사에 의하여 전도를 받아 조사(전도사)가 되어 벨 선교사의 선교사역을 돕던 조상학 목사이다.

조상학(趙尙學, 1877~1950) 목사는 후에 평양신학교를 졸업하고 1923년부터 광양읍교회의 초대 한국인 목사로 일하였다. 그는 유진 벨 선교사의 신앙정신을 이어받았으며, 서예와 학문이 깊었고, 6·25 전쟁 중에는 여수의 덕양교회에서 목회를 하셨다.

당시 여수와 순천지역에서는 좌익세력에 의하여 기독교인들이 순교를 많이 당하였다. 1950년 9월 28일 여수 애양원의 손양원 목사가 과수원에서 총탄에 맞아 순교하던 날, 조상학 목사 또한 인근의 미평 공동묘지에서 공산당원들의 도끼에 너무나 잔인하게 순교를 당하셨다.

순교자 조상학 목사는 1877년 전남 승주에서 태어났고 순교 당시에 73세로 손양원 목사보다 25년 연배였다. 조 목사의 유자녀로는 초등학교 교장으로 퇴임한 조보라 교장이 있지만, 부친의 순교가 하나님이 하시는 일이라며 그 공을 세상에 드러내지 않고 있다. 아마도 자손들이 조 목사님의 순교를 세상에 드러내고 그 정신을 기리고자 한다면, 손양원 목사 못지않은 위치에 계신 분이라고 생각을 한다.

유적답사를 하는 동안 전남지방의 선교에 큰 공이 있는 유진 벨 선교사의 가문의 자취가 넓게 펴져 있는 것을 보게 되었다.

유진 벨 선교사 가문은 한 사람이 하나님의 손에 잡히면 얼마나 커다란 능력을 발휘하는지, 어떤 고난도 이겨내고 사역을 감당하는지 오늘에 보여 주는 귀한 가문이다.

다음은 광양에서 가까운 땅끝 마을 해남의 첫 교회인 해남읍교회를 찾고자 한다.

해남읍교회

# 6 땅끝 마을에 세워진 해남읍교회

전남 해남군 해남읍 해리 ☎ 061-536-4711

†오직 성령이 너희에게 임하시면 너희가 권능을 받고 예루살렘과 온 유대와 사마리아와 땅 끝까지 이르러 내 증인이 되리라 하시니라(사도행전 1:8)

부활하신 예수 그리스도께서 승천하시기 전에 사도들에게 당부하신 말씀 중에 **'땅끝까지 이르러 나의 증인이 되리라'** 라고 하신 말씀이 있다. 그런데 이 땅끝이라는 곳이 우리나라에도 있다.

걸어서는 더 이상 갈 수 없는 뭍의 끄트머리 땅끝은 전남 해남군 송지면의 북위 34도 17분 21초에 위치하며, 그 곳에는 한반도 끝을 알리는 세모골의 땅끝탑이 세워져 있다. 이곳은 한 해에 80여만 명의 관광객들이 땅끝을 찾아 망망대해의 바다에 맞서 새로운 희망을 담아 가는 곳이다.

400여 m의 사자봉 정상까지 모노레일을 타고 바다의 경치를 감상하면서 전망대에 오르면, 섬들과 오가는 고깃배, 노을에 물드는 바다의 그림 같은 풍광을 볼 수 있다. 땅끝 주변에는 고운 모래로 이루어진 유명한 해수욕장들이 곳곳에 위치해 있으며, 우황리 공룡박물관과 해남읍 연동리에 있는 고산 윤선도의 녹우당 등이 있어 가족단위의 관광객들에게 인기가 높은 곳이기도 하다.

100여 년 전 땅끝 마을에도 그리스도의 복음을 들고 간 외국인 선교사들과, 이들에 의하여 전도를 받고 아름다운 교회를 세운 선조들이 있어 그 신앙의 발자취를 따라가 보고자 한다.

이 땅끝 마을이 있는 해남에 복음을 가장 먼저 전한 사람은 누구일까?

그는 바로 1895년 4월 4일 부산에 도착한 유진 벨 선교사로, 1898년 3월 목포 최초의 교회인 양동교회를 비롯하여 전남·광주 지방에 50여 개의 교회를 세우신 분이다.

유진 벨 선교사는 당시 말을 타고 통역을 하는 조사(현 전도사)와 같이 시골 장날 구석구석을 찾아 다니며 복음을 전하고 교회를 세워 나가는 일을 하였다. 아마도 당시 조선의 풍토상 해외 선교사들이 시장터에서 전도를 할 때 서양귀신이라고 돌을 맞고 놀림을 당하는 등 별별 일들을 다 겪었을 것이다.

유진 벨 선교사에 의하여 해남에는 1902년에 우수영교회, 그리고 1905년에는 신덕리교회가 세워지게 되었다. 유진 벨 선교사는 1868년 미국 켄터키주에서 태어나 켄터키신학교를 졸업하고 1894년에 목사가 된 신학박사이다. 1894년 6월 리치먼드에서 루이빌신학교 학장의 딸인 샤로트와 결혼한 후 한국에 와서 1925년 57세의 나이로 별세하기까지 전남지방에 수많은 교회를 세웠고, 정명학교, 영흥학교, 광주의 승일학교, 수피아학교 등 수많은 기독교 학교를 설립하였다.

청년 유진 벨은 미국에서의 편안한 미래를 포기하고 생존 자체가 불투명한 조선 땅에 와서 그의 일생을 바친 것이다.

당시의 선교사들은 주님 안에서 조선 땅에 세워져 나갈 교회들과, 구원받은 성도들의 모습과 변화할 조선을 상상하며 헌신을 다한 것이었다. 바로 인간의 상상력은 생존의 힘으로, 선교사들은 전혀 새로운 장소에서 느끼는 긴장감 속에서 발생한 상상력을 발휘하며 큰일들을 이루어 나간 것이다.

그런데 조선 선교를 시작한 유진 벨 선교사의 가정에는 큰 시련과 환난이 닥치기

땅끝마을의 땅끝탑

도 하였다. 첫 부인인 샤로트는 1901년 4월 12일 33세의 젊은 나이로 급사하여 서울 합정동의 외국인묘지에 묻혔다. 그리고 1904년에 재혼한 마가레트도 약 15년간 벨 선교사를 도와 헌신을 하다가, 1919년 3월 7일 일제의 제암리교회 학살사건을 돌아보고 오는 길에 병점 건널목에서 기차와 충돌하는 교통사고로 세상을 떠나, 광주의 호남신학대 내의 선교사 묘지에 벨 선교사와 같이 묻혀 있다.

조선 선교를 작정하고 땅 설고 물 선 곳에 온 벨 선교사에게 따라온 이와 같은 인생의 고뇌와 역경을 되돌아볼 때, 이제 우리가 그들의 역사적인 업적을 객관적으로 평가하고 인정하여 그 정신을 계승하는 것이 필요하다고 생각한다. 그 이유는 벨 선교사와 첫 부인 사이에서 태어난 딸인 샤로트는 후에 한남대 설립자인 윌리엄 린튼 선교사와 결혼하였고, 그 자녀들은 대를 이어 한국의 각 분야에서 주님의 일꾼으로 복음을 전하며 큰 열매를 맺고 있기 때문이다.

벨 선교사의 5대에 걸친 한국 사랑의 열매를 보면서, 그의 모습이야말로 한국교회가 해외에 선교사를 보낼 때 가져야 할 모범적인 비전이라는 생각을 한다.

### 해리슨과 해남읍교회

땅끝마을에 세워진 해남읍교회는 1910년에 공식 설립된 교회로, 벨 선교사보다 1년 늦은 1896년 한국에 온 해리슨(W.B. Harrison, 한국명 하위렴) 선교사에 의하여 설립된 교회이다.

해남읍교회가 역사서에는 1910년 설립된 것으로 기록되어 있으나, 사실 이미 1905년 9월 9일에 해남의 고도리에 사는 방기남의 집에서 김내섭과 박명숙에 의하여 교회공동체가 시작되었다.

타 지역에서 이주하여 온 교인들에 의하여 자생적으로 신앙공동체가 점차 커지자, 남외리에 사는 임봉록과 이복덕 부부가 자신의 초가 8칸과 대지 150평, 밭 12락, 결혼 금반지 등 전재산을 헌납하여 현재의 해남읍교회의 기초를 만들게 된 것이다.

임봉록은 해남읍군청에서 광주도청으로 세금을 나르던 일을 하였는데, 나주를 지나다가 논에서 김을 매던 아낙네들의 찬송가 소리를 듣고 은혜를 받아 스스로 광주에 있는 양림교회에 찾아가 예배를 드리기 시작하였다.

이때부터 그는 좋아하던 막걸리와 담배를 끊고 매일 아침마다 가정예배를 드리며 신앙훈련을 쌓았다. 그리고 자신이 일한 대가에서 반드시 십일조를 드리고 밤이면 촛불을 켜고 성경을 읽을 정도로 신앙에 심취하였다. 그리고 해남에 찾아오는 모든 사람들을 잘 대접하여 생활이 어려운 무당들도 해남읍교회에 많이 출석을 하였고, 이러한 이유로 사람들은 교회를 당골집회소라고도 하였다고 한다.

또한 임봉록의 집에 어느 날 나무상자가 배달되었는데, 그 속에 수천 권의 쪽지 복음이 들어 있음에도 주인이 오랫동안 찾아가지 않자, 함께 몇 달에 걸쳐 그 쪽지 복음을 각 지방을 돌며 팔기도 하고 배부하기도 하였다.

이와 같이 1905년 자생적으로 생긴 해남읍교회가 1910년 교회로서의 조직을 갖추기 전까지, 외국인 선교사들이 정기적으로 순회를 하면서 교회의 중요한 일을 결정하고 지도하는 형태를 취하였다. 그리고 한국사람으로 전문적인 신학공부를 한 사람이 없어 조사라는 명칭으로 교회를 돕다가, 호남지방에서는 처음으로 1907년 비로소 윤식명이 목사로 임명이 되었다.

현재의 해남읍교회는 정찬훤 목사에 의하여 선교기념역사관을 만들고 외국인 선교사들과 선조들의 신앙역사를 자료로 정리하고 계셨다.

이제 서해안고속도로가 개통되어 인천에서 목포까지는 4시간여 만에 도착이 가능하고, 목포에서 해남을 거쳐서 땅끝 마을과 진도, 완도까지도 하룻길이 되었다. 그리고 앞으로 주 5일제 근무가 확대되면 많은 사람들이 찾을 것으로 보이는 해남에서 그리스도의 복음이 어떻게 전해지고 교회들이 어떻게 세워져 나갔는지 답사를 겸한 여행이 이루어지기를 기도드린다.